Ana Ivenicki e Alberto Canen

Metodologia da Pesquisa: rompendo fronteiras curriculares

EDITORA CIÊNCIA MODERNA

Metodologia da Pesquisa: rompendo fronteiras curriculares

Editor: Paulo André P. Marques
Produção Editorial: Dilene Sandes Pessanha
Capa: Daniel Jara
Diagramação: Daniel Jara
Copidesque: Equipe Ciência Moderna

FICHA CATALOGRÁFICA

IVENICKI, Ana; CANEN, Alberto Gabbay.

Metodologia da Pesquisa: rompendo fronteiras curriculares

Rio de Janeiro: Editora Ciência Moderna Ltda., 2016.

1. Pesquisa Científica – Metodologia. 2. Metodologia Científica
I — Título

ISBN: 978-85-399-0759-5 CDD 001.4
001.42

Editora Ciência Moderna Ltda.
R. Alice Figueiredo, 46 – Riachuelo
Rio de Janeiro, RJ – Brasil CEP: 20.950-150
Tel: (21) 2201-6662/ Fax: (21) 2201-6896
E-MAIL: LCM@LCM.COM.BR
WWW.LCM.COM.BR

01/16

Para Doris e Nathan que nos incentivam a pesquisarmos, continuamente, caminhos para crescermos na valorização da diversidade.

Prefácio

O livro dos professores Ana Ivenicki e Alberto Canen sobre a metodologia de pesquisa apresenta de forma clara e concisa uma importante contribuição para a formação de estudantes e pesquisadores em diversas áreas das ciências sociais, educação, administração e engenharia. É abordada uma questão central: como investigar cientificamente a realidade usando métodos e procedimentos qualitativos? Conforme as tendências recentes da evolução da pesquisa acadêmica supera-se a antiga dicotomia pesquisa quantitativa/pesquisa qualitativa. Sem negar a necessidade do levantamento de dados quantitativos ou da modelização matemática de certos processos, cada vez mais, valorizam-se métodos, abordagens ou paradigmas que deem ênfase aos aspectos qualitativos, levando em conta a linguagem e a subjetividade dos pesquisadores em interação com os pesquisados, o que contraria um velho preceito positivista herdado do século XIX.

A adoção de uma metodologia de pesquisa qualitativa pode acontecer com o uso de vários métodos e técnicas: entrevistas narrativas, análise dos discursos, falas e imagens, métodos participativos, pesquisa-ação, dentre outros. Assim, a produção intelectual e acadêmica pode adquirir uma multiplicidade de formas e estilos, rompendo com a rígida padronização dos papers convencionais. Aceitar a diversidade dos métodos e produtos do conhecimento revela-se ser compatível com o respeito à diversidade cultural das populações em seus aspectos sociais, étnicos, educacionais. No modo tradicional de pesquisar os indivíduos ou grupos da população são considerados como objetos passivos a serem observados ou categorizados. Com a adoção de uma visão qualitativa e participativa da pesquisa, tais indivíduos ou grupos têm mais chance de se tornarem sujeitos ativos, participando da descrição da situação vigente e de suas dinâmicas, ou dialogando sobre as possíveis transformações.

Parabéns aos professores! A publicação deste livro será útil para quem quiser abrir os espíritos e respeitar as diferenças.

Prof. Michel Thiollent
UNIGRANRIO/ Programa de Pós-graduação em Administração.
Rio de Janeiro

Introdução

O presente livro surgiu das experiências dos autores no ensino e na produção de pesquisas, assim como no extenso trabalho de orientação de monografias de final de cursos de graduação, dissertações de Mestrado e teses de Doutorado. Durante tais experiências, ficou constatada certa lacuna de obras que pudessem não só fornecer visões e práticas de pesquisa, mas que discutissem formas pelas quais, tais trabalhos, poderiam refletir, com rigor, a diversidade cultural dos sujeitos pesquisadores e dos campos de pesquisa, para além de fronteiras curriculares rígidas.

Desse modo, o livro pretende fornecer subsídios teóricos e práticos para se pensar na metodologia de pesquisa para além de uma visão meramente instrumental. Com aporte em uma perspectiva multicultural, seu principal argumento é o de que o pesquisador não é neutro, mas sim, um sujeito possuidor de universo cultural, identidade e visões de mundo que diretamente interferem no desenvolvimento de sua pesquisa. Nessa perspectiva, a visão multicultural preconiza o desafio a preconceitos e a valorização da diversidade, incluindo aquela relativa a campos de saber cada vez mais complexos e dialógicos, rompendo barreiras curriculares e permitindo que as áreas humanas efetuem diálogos profícuos com outras áreas do saber, como a tecnológica, no desenvolvimento de suas pesquisas.

Nesse sentido, o primeiro capítulo trata da evolução da pesquisa nas ciências e na educação, de um paradigma e uma metodologia única, aceitos como científicos, para a pluralidade de perspectivas e metodologias hoje existentes, discutindo-os. Também, analisa critérios de rigor a informar a análise das pesquisas no contexto dessa pluralidade, elencando os principais para que o leitor possa desenvolver seu mergulho em trabalhos de pesquisa para além de um "vale tudo". O segundo capítulo amplia o significado da pesquisa multiculturalmente orientada, aprofundando seus significados em termos do papel do pesquisador, dos temas escolhidos, da metodologia e referencial teórico, abraçados à luz da importância da valorização da pluralidade e desafio a preconceitos, em todas essas instâncias componentes da pesquisa. Aborda, também, critérios de rigor para análise de pesquisas, esboçados no primeiro capítulo e aprofundados no segundo, critérios estes que passam pela análise dos paradigmas e metodologias inerentes aos estudos, de modo a fornecer balizadores coerentes para a análise das pesquisas. O terceiro e o quarto capítulos ilustram formas pelas quais as discussões multiculturais desenvolvidas nos dois primeiros capítulos podem ser pensadas para além das fronteiras curriculares, promovendo o olhar multicultural em estudos que permitem o diálogo entre as ciências humanas e as demais, desta forma desafiando preconceitos contra campos do saber e permitindo o livre transitar multicultural por essas áreas de estudo. O quinto capítulo apresenta conclusões e algumas palavras finais. O apêndice oferece guias, checklists, roteiros e exercícios de fixação do conteúdo, fornecendo ideias práticas para a tradução da perspectiva multicultural de metodologia de pesquisa para a elaboração de projetos. Também apresenta roteiros para a análise crítica de pesquisas, podendo ser inspirador da elaboração de pareceres sobre artigos e outros relatórios completos, tais como monografias, dissertações e teses.

Esperamos que o presente livro ajude a cobrir lacunas nas discussões sobre metodologia da pesquisa na perspectiva multicultural. Ele é voltado aos professores, formadores, pesquisadores e estudantes de graduação e de pós-graduação. Torcemos para que o livro seja inspirador no desenvolvimento de estudos e pesquisas a partir de critérios de qualidade que, ao mesmo tempo que balizam o rigor das pesquisas acadêmicas, valorizam a diversidade de campos, temáticas e identidades dos pesquisadores, rompendo barreiras curriculares e desafiando preconceitos no ato de fazer pesquisa.

Ana Ivenicki & Alberto G. Canen

Sumário

Capítulo 1

Capítulo 2

Capítulo 3

Capítulo 4

Capítulo 5

Apêndice

Capítulo 1

Metodologia da Pesquisa: de um modelo único à diversidade de paradigmas e metodologias[1]

1.1. Introdução

A expressão "metodologia da pesquisa" pode ser usada no sentido restrito e instrumental de coleta e tratamento de informações, ou no sentido amplo de abordagem ao processo de produção do conhecimento, o que envolve também aspectos teóricos e conceituais. Normalmente, conforme Canen (2003), a interpretação dessa expressão é reduzida a uma listagem: métodos qualitativos e quantitativos, instrumentos de coleta de dados, trabalho de campo, roteiros de elaboração de projetos e relatórios de pesquisa, enfim: os aspectos que se referem a "como" se fazer uma pesquisa. Entretanto, ainda que esses aspectos sejam importantes, se nos limitarmos a eles, podemos incorrer no erro apontado por Alves (2008) ao se referir à metáfora dos remadores desnorteados: estaremos nos preocupando com o barco, com a qualidade dos remos, com a velocidade em que vamos, mas esquecendo do principal- para onde queremos que o barco vá? Por que queremos que o barco siga este e não outro rumo?

O mesmo ocorre quando falamos de Metodologia da Pesquisa: trata- se de um conjunto de procedimentos de pesquisa que inclui os aspectos acima, mas que não podem ser interpretados como possuindo vida própria, independentemente do pesquisador. Ao contrário: a metodologia está intimamente relacionada ao pesquisador, com seus valores, suas ideias, sua filosofia de vida, seu olhar singular sobre a realidade a ser pesquisada, sua forma específica de problematizar esta mesma realidade. A metodologia está, portanto, estreitamente ligada aos objetivos do pesquisador e às formas pelas quais pensa sobre a realidade, sobre seu papel no interior da mesma. Está fortemente vinculada às escolhas do pesquisador, em termos dos autores com que irá trabalhar, do foco que irá escolher e de seu po-

[1] Versão preliminar deste capítulo foi publicado em Canen, A. (2003), Metodologia da Pesquisa: abordagem qualitativa, *Coleção Veredas*, módulo 4, Vol. 1, p.215 – 240. Belo Horizonte: Secretaria de Estado da Educação de Minas Gerais.

sicionamento em face dos problemas da realidade social, cultural e educacional mais ampla.

A perspectiva multicultural, conforme discutida por autores tais como Canen (2012 a, b, c); Canen & Canen (2005 a, b, 2008a, b, 2010, 2012), que abraçamos neste livro, em diálogo com outros pesquisadores que têm se dedicado ao tema, tais como Ball (2012), Banks (2004), Andrade (2011), Candau (2012), Candau & Moreira (2008), dentre outros, valoriza a pluralidade de culturas, visões de mundo e identidades plurais dos pesquisadores. Defendemos que não existe, portanto, metodologia neutra, porque não existe pesquisador neutro: ele é sempre um sujeito portador de cultura, gênero, raça, linguagem, crenças religiosas, histórias de vida e outros aspectos ligados à sua identidade que interferem e moldam a pesquisa. Podemos dizer que os aspectos instrumentais - como fazer a pesquisa - são o esqueleto, que ganha "carne e sangue" com a clarificação do "lugar" de onde fala o pesquisador, de suas crenças e perspectivas. O "como" pesquisar está intimamente ligado a "quem" realiza a pesquisa, bem como ao "por que" e "para que" pesquisar.

Mas, nesse caso, como julgar a "objetividade", o "rigor" de uma pesquisa? E como ficam as noções tão difundidas de que a Ciência deve ser "neutra", "isenta", sem a interferência do cientista, para que seja confiável? De fato, anúncios, na mídia, muitas vezes mostram um "cientista", todo vestido de branco, atestando a qualidade do produto anunciado, para que os espectadores confiem na mensagem e comprem a marca indicada. Isso porque a noção de que cientistas são pesquisadores "neutros", que se utilizam de métodos capazes de captar a realidade sem sua interferência, predominou por um longo tempo. Essa ideia ainda faz parte de muitas mentes pensantes e é forte no imaginário coletivo, como o exemplo acima indica.

Ao mesmo tempo, a crítica a este modelo de pesquisa também levou a outras posições extremadas, em que se argumenta que "tudo é pesquisa", com o abandono de qualquer ideia de rigor e objetividade no trabalho científico. Como, então, trabalhar com a Metodologia da Pesquisa de forma a admitir a influência do pesquisador, mas ao mesmo tempo, não cair em um "vale-tudo", em uma falta de critérios de rigor que ameaçam a própria noção de pesquisa? Como realizar pesquisa sem incorporar preconceitos contra metodologias qualitativas ou quantitativas, mas reconhecendo que o rigor de ambas está diretamente ligado às perspectivas do pesquisador e à consistência com que conduz sua pesquisa?

Para responder a essas questões, precisamos, inicialmente, compreender a evolução da ideia de pesquisa científica, que passou daquela de um modelo único, apoiado na visão do pesquisador como um sujeito neutro, a uma rejeição a esta ideia e chegando a novas perspectivas teóricas e metodológicas que se abrem, a partir do final do último milênio.

O presente capítulo pretende: analisar criticamente a evolução da pesquisa científica, evolução esta que partiu de um modelo único, calcado na "neutralidade do pesquisador", até chegar à visão atual da pesquisa como processo intimamente ligado às crenças do mesmo; indicar critérios de rigor para julgamento da qualidade de pesquisas que utilizam metodologias qualitativas e quantitativas, considerando os enfoques que as orientam; e discutir o momento atual da pesquisa, ressaltando sua importância na formação e atuação de pesquisadores, nas diversas áreas, como intelectuais ativos, multiculturais, críticos e produtores de conhecimento.

1.2. A Evolução do Conceito de Pesquisa Científica: a metodologia quantitativa e seus critérios de rigor

Nesta seção, pretendemos analisar criticamente a evolução da pesquisa científica, desde a concepção antiga que acreditava em um modelo único, calcado na "neutralidade do pesquisador", até a atual visão da pesquisa como processo intimamente ligado às crenças do mesmo.

Começamos pela pergunta: o que é considerado pesquisa científica? Há alguns anos, a resposta era bem simples: para ser considerado uma pesquisa, o estudo realizado deveria seguir os passos consagrados no modelo científico, conforme entendido pelas Ciências Naturais, baseando-se apenas na metodologia quantitativa. Esta metodologia, conforme será visto na seção final do presente capítulo, é tão relevante quanto à metodologia qualitativa. Entretanto, o que se critica é a visão de que só poderia ser considerado científica a pesquisa feita sob esta metodologia.

Ao que tudo indica, pode-se apresentar, à guisa de síntese, algumas **características gerais da metodologia quantitativa:**

- o estudo da relação entre fenômenos ou variáveis (por exemplo, o impacto do ruído no desempenho de sujeitos);

- parte-se de hipóteses bem delineadas a respeito dessas variáveis (por exemplo, a de que o ruído prejudica o desempenho de sujeitos); testam-se tais hipóteses através da observação e da experimentação - por exemplo, um grupo poderia ser submetido a ruído constante (grupo experimental) e outro a um silêncio penetrante (grupo de controle);

- controlam-se variáveis intervenientes, ou seja, aquelas que possam interferir nesse processo - por exemplo, o pesquisador deve mostrar que controlou, por intermédio de processos estatísticos, a influência de outros fatores (tais como nível socioeconômico, capital cultural, grau de concentração dos sujeitos); também, deve provar que ambos os grupos (de controle e experimental) possuem equivalência de tais fatores. Tudo isto é necessário na metodologia quantitativa, pois, do contrário, podemos contestar a pesquisa, dizendo, por exemplo, que as diferenças sociais, econômicas e culturais entre os sujeitos de ambos os grupos, no exemplo citado, seriam as verdadeiras causas da diferença de desempenho entre elas, e não o fator ruído, levantado pela hipótese.

- o estudo deve ser realizado com uma amostra estatisticamente representativa da população para que os resultados possam "valer" para toda a população. Assim, o estudo deve produzir resultados "generalizáveis", ou seja, que possam ser extensivos à população. No caso do nosso exemplo, o pesquisador deve mostrar, estatisticamente, que a quantidade de sujeitos e os critérios para sua escolha permitem afirmar que, não só naquela organização, mas para todas as da área em estudo, o fator ruído é decisivo no desempenho;

- a conclusão deve indicar o impacto de uma das variáveis sobre a outra (no caso, provavelmente, caminhando no sentido de confirmar a influência maléfica do ruído sobre o aproveitamento e o desempenho), apontando para um "novo" conhecimento científico.

Os critérios acima são relevantes para todas as pesquisas na metodologia quantitativa, seja na *modalidade experimental* (como no exemplo acima), como também na modalidade de *survey* ou pesquisa de levantamento (por exemplo, pesquisas de sondagem de opiniões).

Entretanto, a crítica que tecemos é dirigida a dois fatores: primeiro, ao fato de que, até alguns anos atrás, conforme dito anteriormente, esta era a única metodologia considerada científica; segundo, que esta metodologia era compreendida como "neutra", isenta da influência do pesquisador. De fato, as pesquisas deveriam mostrar que a "pessoa" do pesquisador não havia influenciado qualquer aspecto do estudo realizado, ou seja: sujeito e objeto da pesquisa eram dois polos separados. A realidade (influência do ruído no desempenho dos sujeitos) teria sido captada graças ao rigor da metodologia empregada, sem qualquer interferência do pesquisador. Tal visão tem sido desafiada, conforme veremos a seguir.

1.3. As críticas ao modelo positivista

O modelo de pesquisa a que nos referimos anteriormente foi aceito como sinônimo de pesquisa, de método científico, de Ciência, particularmente a partir da divulgação do Positivismo -tendência filosófica, fundada por Augusto Comte, no início do século XIX, que basicamente preconizava a necessidade de a Ciência ser construída sobre fatos concretos, verificáveis através da observação e da experimentação, bem como possuir capacidade de previsão e de generalização. Comte assinalava alguns significados para a palavra positivo: o primeiro refere-se ao real (em oposição ao "mágico", às intenções humanas, a tudo que é impossível conhecer com precisão). O positivo refere-se, também, ao que é útil ao homem conhecer, ao que o guia para a certeza, distanciando-o da indecisão; é oposto ao negativo, ou seja, a pesquisa positivista deve ser usada para organizar e não para perturbar a ordem ou desestabilizá-la.

Algumas características dessa tendência são:

- considerar a realidade como formada por partes isoladas (variáveis);

- somente aceitar a realidade dos fatos que podem ser observados, buscando a relação entre os mesmos (excluindo sentimentos, percepções, interpretações, valores culturais);
- considerar verdadeiro aquilo que é verificável, não se preocupando em saber para quê ou para quem aquele conhecimento irá servir (crença na neutralidade da ciência);
- acreditar que tanto os fenômenos da natureza quanto aqueles sociais são regidos por leis invariáveis, que podem ser conhecidas pelo pesquisador;
- aspirar à generalização dos resultados, por meio de tratamentos estatísticos e controle severo de variáveis, privilegiando as metodologias quantitativas.

Conforme discutido por Denzin & Lincoln (2006), Goldenberg (1998) e Alves-Mazzotti & Gewandsznajder (1998), dentre outros, esse modelo, que se adaptou muito bem às Ciências Naturais, começou a atrair críticas no que se refere às Ciências Humanas. Outras correntes filosóficas, como a Fenomenologia, criticavam a redução da pesquisa nos moldes positivistas aos fatos observáveis. Para esta corrente, a ideia fundamental para a pesquisa em Ciências Humanas deveria ser a intencionalidade, a consciência que move os sujeitos a agirem da forma em que agem. A pesquisa, nessa perspectiva, deveria estar voltada aos sentimentos, às percepções dos sujeitos, ao mundo vivido, interpretado e reelaborado por eles. Portanto, a realidade a ser pesquisada não poderia estar separada da subjetividade, nem dos sujeitos pesquisados, nem do próprio pesquisador.

Por exemplo, uma pesquisa voltada à influência do ruído no desempenho dos sujeitos, como na ilustração anterior, em uma visão fenomenológica, iria "abrir mão" de qualquer pretensão a um controle de variáveis, a uma ânsia de "medir" fatores da realidade. Iria se preocupar em verificar como os sujeitos compreendem o ruído, de que forma reagem ao mesmo, a partir de que sentimentos, culturas, percepções convivem entre si e com este ruído, procurando descrever (e não quantificar) essa realidade, conforme experimentada e vivenciada por esses mesmos sujeitos. Os pesquisadores, portanto, estudariam os significados das ações sociais de outros indivíduos e deles próprios, passando a serem sujeitos e objetos de suas pesquisas. Esta visão opõe-se, assim, à visão positivista de objetividade e de separação total entre sujeito e objeto de pesquisa. A Fenomenologia, que teve em Husserl (final do séc. XIX e início do séc. XX) um de seus principais expoentes, ressalta a ideia de que o mundo seria criado pela consciência. A realidade seria construída socialmente, e não dada, de forma independente da ação dos sujeitos. A pesquisa, portanto, visaria a penetrar nas construções da realidade por parte dos sujeitos, nas formas como interpretam e dão sentido a esta realidade.

Levada ao extremo, a crítica da Fenomenologia ao Positivismo desemboca no que se denomina Relativismo, que nega qualquer possibilidade de existência de critérios objetivos para a apreensão da realidade pesquisada. Nesta visão relativista, a realidade como tal não existiria: ela seria, ao contrário, totalmente construída pelas lentes do pesquisador e por aquelas dos sujeitos pesquisados. A pesquisa não poderia dar conta de uma realidade objetiva, nem das intenções dos sujeitos que participam de sua construção. Ao contrário, tudo que ela poderá fazer, nessa visão relativista, será mergulhar nos discursos dos sujeitos que compõem esta realidade, sem qualquer pretensão a medir, controlar ou mesmo revelar intenções, fatos ou percepções envolvidos no processo.

Ao mesmo tempo em que a Fenomenologia e o Relativismo ganhavam força, outra corrente - a do Materialismo Dialético - enfatizava que qualquer fenômeno estudado deveria ser pesquisado não só com relação às percepções e sentimentos dos sujeitos, conforme enfatizado (embora de formas opostas) nas duas correntes anteriores, mas principalmente por meio das relações históricas e sociais desses sujeitos com o contexto maior em que se inserem. Assim, o Materialismo Dialético, em linhas gerais, analisa dinamicamente o contexto histórico-social e econômico em que se movem as consciências e intenções dos sujeitos, situando-os, nesse contexto, com suas contradições e possibilidades. Nessa perspectiva, o importante é que a pesquisa aponte para mecanismos pelos quais certas camadas dominantes da população procuram perpetuar seu poder. O objetivo da pesquisa seria procurar reverter o processo em prol dos oprimidos, clarificando as situações de opressão e possibilitando-lhes condições para sua emancipação.

Essa corrente é denominada de Teoria Crítica, proposta pela Escola de Frankfurt-constituída de um conjunto de pensadores, filiados ao Instituto de Pesquisas Sociais de Frankfurt, fundado em 1923. Preconiza que o valor de uma pesquisa está diretamente relacionado à sua contribuição para a transformação da sociedade.

Nesse caso, percebe-se que, para essa corrente, a ciência terá valor na medida em que sirva para aliviar a miséria humana e a injustiça social. Por exemplo, Paulo Freire (1987), com sua Pedagogia do Oprimido, exemplifica pesquisa em uma perspectiva da teoria crítica. Sua ação com camadas desfavorecidas da população, retirando delas temas para trabalhar a alfabetização como instrumento de conscientização da opressão e busca de superação dessa situação, ilustra bem a visão da teoria crítica em Educação.

Este tipo de pensamento está em oposição direta às ideias positivistas, que enfatizam a "neutralidade" da Ciência e da pesquisa, sem preocupações específicas com aspectos sociais e políticos envolvidos no processo. Ao mesmo tempo, esta crítica também atinge a Fenomenologia e o Relativismo, pois acusa essas duas correntes de "negligenciarem" o contexto histórico e político onde os sujeitos circulam. No olhar da teoria crítica, a Fenomenologia e o Relativismo apenas preocupam-se com sentimentos, percepções e discursos dos sujeitos, sem buscarem um projeto de pesquisa que situe esses sujeitos nas condições sociais, políticas, culturais e econômicas em que se encontram e sem terem um horizonte de transformação da sociedade injusta e desigual em que se inserem.

Ao mesmo tempo, a própria teoria crítica é acusada pelas duas correntes - Fenomenologia e Relativismo - de "pretensão" ao conhecimento dos caminhos que levarão à transformação social tão desejada. Isto seria ilusório, de acordo com as críticas de ambas, pois a transformação social pela pesquisa estaria, necessariamente, ligada aos universos dos pesquisadores, a seus discursos, às formas como compreendem a realidade. Ambas as correntes - Fenomenologia e Relativismo - influenciaram um movimento – o Construtivismo Social, ou Pós-Modernismo - que justamente busca, por meio das pesquisas, compreender os pontos de vistas plurais dos sujeitos, bem como suas formas plurais de construção da realidade, sem buscar "impor" um projeto de transformação social determinado. Esta busca pelo plural seria, de acordo com pesquisadores pós-modernos, uma forma de evitar que o universo do pesquisador fosse "imposto" aos sujeitos da pesquisa. No entanto, estes também são alvo de críticas, pois, de acordo com defensores de ideias provenientes do Positivismo, eles estariam também caindo no mesmo "problema" que tanto apontam no Positivismo, ou seja: a pretensão à neutralidade do pesquisador. As críticas ao Construtivismo Social/Pós-Modernismo questionam a possibilidade de um pesquisador "dar conta" dos pontos de vista, sentimentos e formas plurais de interpretar a realidade, por parte dos sujeitos da pesquisa. Apontam que os próprios pesquisadores estariam "interpretando" estes universos e, portanto, estariam também "impondo" suas formas de pensar a realidade no momento da realização e da produção da pesquisa.

Decisivo na derrubada do modelo único positivista de pesquisa e Ciência foi o conceito de paradigma, proposto pelo filósofo Thomas Kühn (1922-1996), que se refere a um conjunto de crenças que move o pesquisador. Portanto, trata-se de crenças e argumentos defendidos por um grupo de cientistas, não sendo a "verdade" absoluta ou o sinônimo de "Ciência". Assim, o modelo positivista seria um paradigma. O enfoque pós-positivista, bem como os enfoques, construtivista social e da teoria crítica seriam outros paradigmas. O domínio de um paradigma sobre outro, em algum momento da História, não seria devido à sua "superioridade" científica. Seria, ao contrário, o resultado da força política dos cientistas que o defendem, bem como das condições históricas em que eles se sobressaem. Kühn explica que é através da argumentação que a comunidade científica chega a um consenso, com relação ao paradigma dominante. Ao mesmo tempo, mostra que este consenso pode ser "quebrado", abrindo caminho para outros paradigmas entrarem em ação. A força de um paradigma seria tão grande que ele influenciaria a forma como cientistas "enxergam" os fenômenos pesquisados, naquele momento da História da Ciência.

O conceito de paradigma foi revolucionário, pois coloca em evidência que o modelo positivista era apenas um paradigma e não a expressão "universal" do que deveria ser Ciência e pesquisa científica. Este pensamento abriu caminho para que outras formas de pesquisa, até então interpretadas como "não-científicas", pudessem ser aceitas. Isto porque essas modalidades de pesquisa começaram a ser percebidas como pertencentes a outros paradigmas, outros conjuntos de crenças que movem pesquisadores, que poderiam conviver entre si, possibilitando um leque maior de opções para a pesquisa e a construção do conhecimento científico.

Assim, os paradigmas da teoria crítica, do pós-modernismo, do pós-positivismo e outros que se seguiram aos mesmos se pluralizaram na contemporaneidade. É neste contexto que emerge o paradigma multicultural, preconizando a valorização da pluralidade cultural e estando, em sua versão mais crítica, no limiar dos paradigmas da teoria crítica e do pós-modernismo. A hibridização ou acomodação de paradigmas é um assunto complexo, porém, acreditamos que o pesquisador, ao contar com uma argumentação consistente, pode contar com tal procedimento.

A evolução da pesquisa e as críticas são bem-vindas e servem para mostrar que devemos respeitar a pluralidade de enfoques em pesquisa, procurando aqueles que mais se coadunam com nosso papel como pesquisadores multiculturais e, ao mesmo tempo, manter o rigor – questão esta que discutiremos nas próximas seções deste capítulo.

1.4. Características gerais das pesquisas qualitativas e o falso dilema quantitativo x qualitativo

Todas essas correntes filosóficas – os paradigmas - e suas críticas ao Positivismo, apenas brevemente comentadas nos parágrafos precedentes, levaram, gradativamente, ao questionamento do modelo único de Ciência e de pesquisa, que vigorava até então. Embora elas próprias levantem críticas umas às outras, conforme se percebe, estão "unidas" pela rejeição às ideias principais defendidas pelos positivistas, particularmente aquela de que o pesquisador seria "neutro". Também, todas apontam que é importante pesquisar intenções, motivações, representações sociais, preconceitos, ideologias e outros fatores que não são "mensuráveis" ou mesmo "observáveis" de forma direta e precisa. Neste contexto, além da pluralidade de paradigmas, temos, também, a pluralidade de metodologias, já que passa a haver a aceitação de metodologias qualitativas de pesquisa, que eram rejeitadas, consideradas como "não científicas" pelos positivistas.

Em síntese, apesar de suas diferenças, o que une as pesquisas qualitativas são as seguintes características:

- a crença de que apenas modelos quantitativos de pesquisa não dão conta da realidade, enfatizando que esta deveria ser estudada em uma forma "holística", isto é, levando-se em conta sua totalidade;

- a rejeição à ideia de "neutralidade" do pesquisador, o que implica a rejeição à ideia de separação do sujeito (pesquisador) do objeto da pesquisa (realidade estudada), já que existiria influência recíproca entre eles;

- a ênfase na interpretação, na compreensão das motivações, culturas, valores, ideologias, crenças e sentimentos que movem os sujeitos, que dão significado à realidade estudada e não aos fatos observáveis e passíveis de serem medidos estatisticamente;

- a coleta de dados predominantemente descritivos, ou seja, o material obtido nessas pesquisas é rico em descrições de pessoas, situações, acontecimentos, incluindo transcrições de entrevistas e de depoimentos, fotografias, desenhos e extratos de vários tipos de documentos (não há presença marcante de tabelas estatísticas ou dados numéricos);

- a abordagem indutiva, o que significa que não há necessidade de partir de hipóteses delineadas e fazer deduções; ao contrário, o pesquisador pode partir de observações mais livres, deixando que hipóteses e ideias emerjam à medida em que realiza o trabalho de pesquisa.

Podemos, neste ponto, dar alguns **exemplos de metodologias qualitativas**, tais como:

- estudos de caso de cunho etnográfico, que são voltados à análise de um caso, tais como uma unidade, uma escola, um aluno, ou uma política, buscando perceber significados atribuídos pelos sujeitos envolvidos naquele caso, conforme autores, tais como André (2001) e Yin (2008). Também se encontram, neste tipo de pesquisa, os chamados estudos do cotidiano, conforme discutidos por Alves & Oliveira (2002), que analisam fatos e sujeitos que participam do dia a dia das instituições, percebendo continuidades e resistências.

- pesquisas-ação e pesquisas participantes, em que o pesquisador convive em campo com os sujeitos pesquisados, buscando detectar seus problemas e levantando, junto aos mesmos, soluções, agindo e pesquisando sobre suas ações, de modo a ser agente transformador da realidade, de acordo com Thiollent (2011) e Thiollent & Colette (2013). Essas pesquisas são importantes no sentido de favorecer a que os próprios sujeitos possam desenvolver reflexões críticas sobre suas práticas, como no desenvolvimento de oficinas, de rodas de leitura, conforme sugeridas por Dauster *et. al.* (2010) e assim por diante, o que é relevante na formação inicial e continuada de pesquisadores, de acordo com autores, tais como Demo (1996); André (2001); Lüdke (2001) e Lüdke & Boing (2012).

- análise documental, em que o pesquisador mergulha sobre fontes escritas - os documentos (oficiais e não-oficiais) para extrair tendências, temas dominantes, representações sobre conceitos, bem como percepções, ênfases e omissões, de grande utilidade para contextualizar informações contidas em outras fontes;

- pesquisas sobre estado da arte sobre certas temáticas, a partir de revisão de literatura em artigos. Neste caso, conforme Soni & Kodali (2012), é importante definir o período da revisão, os critérios de seleção dos periódicos e dos artigos, bem como sistemas de classificação e de análise dos mesmos. Da mesma forma, Hallinger (2013) enfatiza que tais revisões devem explicitar a perspectiva do pesquisador, assim como as formas pelas quais o estudo envolveu a identificação, o acesso e a interpretação das várias fontes de informação, a partir dos artigos analisados. Hallinger (2013) enfatiza que tais processos devem ser explicitados de modo que as sínteses realizadas nessa forma de pesquisa possam representar informações confiáveis para guiar teoria, pesquisa, políticas e práticas no campo;

- pesquisa histórico-documental, em que a análise de arquivos e documentos contribui para a construção e reconstrução da memória de períodos da História das instituições e organizações, assim como histórias de vida e histórias orais, em que o pesquisador busca, por intermédio de entrevistas aprofundadas, conhecer aspectos biográficos - as memórias dos sujeitos -, de forma a delinear seu impacto nas percepções, significados e representações sobre a realidade estudada. Como exemplo, podemos citar o estudo desenvolvido por Canen & Canen (2012) sobre inveja nas organizações, a partir de histórias orais de sujeitos envolvidos. É interessante observar que as metodologias qualitativas de pesquisas históricas (sejam histórico-documentais ou histórias orais e histórias de vida) trabalham com o passado, com a memória (seja de documentos ou pessoal dos sujeitos), de modo a conhecer este passado e contribuir para a melhoria do presente, como discorrido por Lopes (2008).

A breve listagem acima contém algumas das metodologias qualitativas mais conhecidas, porém a variedade de metodologias qualitativas voltadas a outros aspectos da realidade para além daquilo que é mensurável ou observável, é grande e em constante crescimento. As metodologias qualitativas passam a ser aceitas como pesquisa, como conhecimento científico, a partir das discussões e propostas filosóficas dos paradigmas de pesquisa que questionavam o positivismo, conforme visto anteriormente. No entanto, em termos de contextualização da história da pesquisa, é importante observar que a expressão "metodologia qualitativa", nos anos 80, passou a ser erradamente "sinônimo" de pesquisa que "se opunha ao Positivismo", de pesquisa "aceita" academicamente. Ou seja, confundiu-se metodologia com paradigma. Ao invés de compreender que tanto metodologias qualitativas como quantitativas são úteis e que podem estar influenciadas por quaisquer paradigmas, passou-se a ter preconceito contra as metodologias quantitativas. Caiu-se no outro extremo: a pesquisa com metodologia qualitativa passou a ser uma abordagem predominante na pesquisa em Ciências Sociais, particularmente na Educação. De um modelo único de Ciência, passou-se a outro extremo, em que tudo relacionado àquele modelo passou a sofrer rejeição, em favor do predomínio da metodologia qualitativa em pesquisa.

Conforme vimos na primeira seção, o modelo dominante de Ciência que inspirou a pesquisa durante grande parte do último milênio era o positivista, cujas características foram discutidas por nós. Vimos também que diversas correntes filosóficas passaram a questionar este modelo único. Elas indicavam que existem fatores mais amplos que não se encaixam nele e que merecem ser pesquisados, sob outros olhares e de formas diferentes. Nesse sentido, indicam que outras metodologias de pesquisa e outras perspectivas deveriam ser aceitas também como científicas, já que estariam contribuindo para produzir novos conhecimentos, para além daquele aceito pelo modelo positivista. Abriram o caminho para que fossem aceitas as pesquisas na metodologia qualitativa.

No entanto, em qualquer processo em que um modelo é dominante por muito tempo, a primeira reação contrária é a de demonstrar tudo que há de "errado" naquele modelo, às vezes até "exagerando" seus defeitos e omitindo suas qualidades. É como o que ocorre na adolescência: rejeitamos tudo o que nossos pais nos ensinam, para, somente na maturidade, colocarmos em perspectiva nossas críticas. Também, outra reação comum é de existir uma "união" de todos aqueles que estão "contra" este modelo, ainda que apresentem, entre si, discordâncias e pontos de atrito. Assim foi na evolução da pesquisa, no que se refere aos questionamentos ao Positivismo. A primeira reação foi a de rejeitar tudo que era associado àquela corrente, a começar pela metodologia quantitativa de pesquisa. Dessa forma, ainda que com perspectivas diferentes, as correntes que se opunham ao Positivismo foram todas compreendidas sob o rótulo de pesquisa qualitativa, e o grande "vilão" que as unia era o Positivismo. Passou-se a rejeitar a metodologia quantitativa que o caracterizava, bem como tudo que o Positivismo preconizava, inclusive, a necessidade de rigor nas pesquisas científicas. Como diz um ditado inglês, "jogou-se fora o bebê junto com a água do banho!"

Claro que, em um primeiro momento, esta "rejeição" foi compreensível. Ela resultou no impulso a pesquisas qualitativas que, até então, não eram consideradas pesquisas, pois não seguiam os passos e perspectivas do modelo científico positivista. Assim, em um primeiro momento, a "rejeição" ao Positivismo incidiu diretamente na rejeição ao método quantitativo. Ou seja: em um primeiro momento, realizar pesquisas qualitativas significava, para aqueles que as efetuavam, uma evidência de pesquisa superadora das limitações positivistas.

Entretanto, passado o período da "adolescência" da pesquisa qualitativa, bem como passado o período da "união de todos contra um inimigo comum" (no caso, o Positivismo) um período de maturidade tem-se instalado no pensamento sobre Metodologia de Pesquisa. É importante observar que não podemos interpretar a evolução da pesquisa como um processo linear, cronológico - ainda predominam, no tempo e no espaço, ideias e perspectivas diversas, desde as que ainda acreditam no método científico como aquele que segue moldes "positivistas", até outros que rejeitam qualquer ideal de objetividade e rigor, caindo em um "vale-tudo" em pesquisa, que muito tem comprometido a qualidade de trabalhos científicos em geral.

Tendo isto em vista, podemos analisar, no entanto, novas ideias, "mais maduras", que têm surgido após o período inicial de rejeição total a tudo que era percebido como ligado ao Positivismo em pesquisa científica. Em primeiro lugar, há o reconhecimento que o Positivismo foi de grande valia para a Humanidade, permitindo que a Ciência avançasse em suas descobertas, com critérios de controle da realidade estudada e de rigor científico que superaram "mitos" e fantasias. Em segundo lugar, reconhece-se hoje que o Positivismo tinha diferentes adeptos com diferentes ideias, não podendo ser reduzido a um "pacote" de noções homogêneas, como fazem seus críticos. Em terceiro lugar, a rejeição a algumas ideias do Positivismo, já superadas nas discussões científicas, não pode significar a rejeição às metodologias quantitativas como um todo e nem a qualquer critério de rigor e de objetividade em pesquisas. Em quarto lugar, o fato de dizer que uma pesquisa tem a metodologia qualitativa ou quantitativa não é suficiente: deve-se deixar claro o paradigma que informa a pesquisa, ou seja, o conjunto de crenças que move o pesquisador.

1.5. Observações que rompem fronteiras e preconceitos em pesquisas quantitativas e qualitativas

A partir do exposto, apresentamos, a seguir, alguns itens que devem estar presentes quando se pensa em rompimento de preconceitos e fronteiras em pesquisas quantitativas e qualitativas:

- As pesquisas quantitativas são úteis e necessárias, como uma "fotografia" da situação mais ampla do fenômeno estudado, permitindo que se generalizem resultados para a população toda.

- Ainda que a compreensão do fenômeno estudado não se esgote na pesquisa quantitativa, ela pode servir de ponto de partida para outros estudos qualitativos, que busquem aprofundar certos aspectos apontados e analisar significados atribuídos no cotidiano dos sujeitos a estes aspectos.

- O fato de uma pesquisa ser qualitativa ou quantitativa não significa, por si só, uma adesão ou uma rejeição aos aspectos do Positivismo criticados no pensamento científico. Também, não define o paradigma da pesquisa, apenas sua metodologia.

Desta forma, não devemos cair no erro de rejeitar metodologias quantitativas em nome da crítica ao Positivismo. No que se refere aos dois primeiros motivos acima elencados, iremos dar um exemplo. Se desejamos saber como os alunos brasileiros estão se desempenhando em Matemática, podemos realizar uma pesquisa quantitativa, de modo a verificar desempenho dos mesmos em testes padronizados. Os aspectos necessários às pesquisas quantitativas estarão lá, ou seja: deverá ter uma amostra representativa da população, controle de variáveis para detectar aquelas que parecem de fato interferir no desempenho dos testes e conclusões no que diz respeito ao desempenho efetivo dos alunos naqueles instrumentos de avaliação. Nesse sentido, os resultados podem ser generalizados para toda a população. No entanto, poderíamos complementar este tipo de pesquisa com outras de cunho qualitativo. Por exemplo, ao ter acesso a esses dados quantitativos, poderemos entrar em uma escola "que deu certo", que conseguiu "ensinar Matemática" apesar de todos os problemas econômicos, sociais e culturais. Diante disso, poderemos fazer um estudo de caso, que é uma metodologia qualitativa, observando as aulas naquele colégio, entrevistando os professores e alunos, analisando suas histórias de vida e assim por diante, para buscar contribuir para melhorar, cada vez mais, o ensino da Matemática no Brasil.

Outro exemplo: suponhamos que estamos desenvolvendo uma pesquisa sobre graus de alfabetismo em populações economicamente carentes no Rio de Janeiro. Ainda que mobilizados pelo paradigma da teoria crítica de transformação social e democratização da educação, em um primeiro momento recorreremos a um levantamento quantitativo desse fenômeno. Utilizaremos a amostra representativa da população, controle de variáveis que atuam nos graus de alfabetismo focalizados e procederemos à generalização estatística de resultados. O rigor da pesquisa será assentado nessas questões, buscando ver em quais medidas estão claras e bem delineadas no relato do processo, conforme discutimos com relação aos critérios de rigor de pesquisas quantitativas.

Em um segundo momento, poderemos, por exemplo, analisar um caso qualitativo de uma professora alfabetizadora "que deu certo". Nesta fase, seguiremos os procedimentos de rigor da pesquisa qualitativa. Ambas as fases poderão, se conduzidas de forma rigorosa, fornecer importantes dados para a área de alfabetização.

Desse modo, nos exemplos acima, tratam-se de pesquisas "*quanti-quali*". Em um primeiro momento, a pesquisa quantitativa deu um panorama da situação. Para analisar seu rigor, utilizam-se os critérios da metodologia quantitativa. Em um segundo momento, a pesquisa qualitativa buscou detectar a rede de emoções, práticas e significados que envolvem o cotidiano, tanto do ensino da Matemática, como de processos de alfabetização em escolas "que deram certo". Para analisar o rigor acadêmico desta fase, utilizam-se os critérios da metodologia qualitativa.

Da mesma forma, poderíamos ter pesquisas *quali-quanti*, ou seja, cuja primeira parte seguisse a metodologia qualitativa e a segunda fosse quantitativa. Uma ilustração pode ser dada, a partir do estudo realizado por Tammela *et. al.* (2013), voltado à compreensão sobre formas pelas quais as estratégias logísticas utilizadas por indústrias moveleiras localizadas no Brasil, na Dinamarca, na Finlândia, na Noruega e na Suécia estavam sendo influenciadas por aspectos culturais. A primeira parte do estudo foi exploratória, de cunho qualitativo, com entrevistas tendo sido realizadas com alguns executivos, como uma fase piloto. Em seguida, a partir dos resultados, foram elaborados questionários para uma amostra mais ampla, em uma perspectiva quantitativa, com tratamento estatístico.

Dessa forma, a partir dos exemplos acima, vemos que pesquisas quantitativas e qualitativas têm suas utilidades, seus potenciais e suas limitações. Ambas as metodologias são úteis e se complementam.

No entanto, considere os seguintes exemplos: um estudo qualitativo, que busca analisar os costumes, pensamentos e sentimentos de grupos de indígenas em uma organização destinada a eles. No entanto, o pesquisador descreve estes mesmos costumes, pensamentos e sentimentos de forma pejorativa, como se fossem "inferiores" ao do homem branco. Pior ainda: tal pesquisador faz esta descrição como se estivesse "neutro" en relação à realidade estudada, dando a entender, para os leitores, que os dados "falam por si", sem qualquer interpretação preconceituosa de sua parte. Neste caso, apesar de ser uma pesquisa qualitativa, a ideia da neutralidade do pesquisador e a total insensibilidade para as formas plurais de compreensão da realidade estão presentes na pesquisa indicada, tanto quanto no Positivismo criticado por pesquisadores qualitativos! E, no entanto, não é uma pesquisa quantitativa! Este tipo de crítica foi feita por antropólogos, com relação aos primeiros relatos de pesquisadores qualitativos que faziam estudos de caso etnográficos com populações ditas "exóticas", repletos de preconceitos e de pretensões à neutralidade do pesquisador.

Considere, agora, uma pesquisa quantitativa, em que o pesquisador está interessado em mapear estatisticamente a trajetória de negros no sistema educacional brasileiro. Suponha que tal pesquisador deixe clara a sua perspectiva, indicando que, numericamente, os negros não chegam ao topo da pirâmide educacional e recomendando que outros estudos, de cunho qualitativo, detectem elementos nas vidas diárias das escolas que estejam contribuindo para essa situação injusta, discriminatória contra os negros. Esse estudo quantitativo poderia ser considerado positivista? A partir do momento em que o pesquisador mostra "de que lugar" fala, ou seja, motivado por ideais da teoria crítica de justiça social e democratização educacional, sua pesquisa quantitativa caminha no sentido de tentar "aliviar" a miséria humana, ainda que recorra a estratégias quantitativas, com todo o controle de variáveis, amostra representativa da população e possibilidade de generalização de resultados que caracterizam este tipo de pesquisa. Não pode ser considerada "positivista", apenas por ser quantitativa!

É importante notar que aspectos mais polêmicos do Positivismo já foram criticados e superados pelos chamados pós-positivistas, tais como os ideais de neutralidade científica, de pureza total da observação e de "certeza" de "domínio absoluto" da realidade estudada. Estes já foram substituídos por ideais de objetividade (não de certeza) e de controle de fatores subjetivos. (não a sua eliminação total da pesquisa).

Basicamente, portanto, deve-se buscar desafiar preconceitos com relação a quaisquer metodologias de pesquisa, sejam quantitativas ou qualitativas. Enquanto as pesquisas quantitativas apresentam vantagens no que diz respeito, principalmente, à possibilidade de generalizar resultados, perdem, no entanto, no que diz respeito ao conhecimento da realidade em suas nuances, em seus aspectos não observáveis e quantificáveis. Por outro lado, as metodologias qualitativas, embora não possam permitir generalização estatística de seus resultados, podem, no entanto, oferecer um quadro descritivo e aprofundado dos sentimentos e percepções que movem os sujeitos da pesquisa, permitindo o que se denomina de "generalização naturalística", explicada anteriormente.

1.6. Considerações Finais sobre o Capítulo

Conforme vimos neste capítulo, em certas épocas da evolução da pesquisa em educação, havia um modelo único de pesquisa aceito, sendo que, no momento, chegamos a uma diversidade de paradigmas e metodologias. Dentro de cada um desses paradigmas, podemos estar interessados em diferentes metodologias. Podemos querer conhecer as histórias de vida de nossos sujeitos; podemos querer acompanhar o dia-a-dia de uma organização, por meio de um estudo de caso; nosso interesse pode ser o de situar historicamente o surgimento de um currículo, com suas ênfases e omissões, por meio da metodologia histórico-documental; podemos agir, em um espaço no qual temos uma certa autonomia, pesquisando e atuando na realidade pesquisada, por meio de uma pesquisa-ação. Nenhuma dessas metodologias, no entanto, por si só, define a direção que estaremos dando a nossas pesquisas. São nossos valores, nossas percepções, nossas crenças, nossos paradigmas que irão trazer "a carne e o sangue" ao esqueleto metodológico que escolhemos.

Por exemplo, durante muito tempo considerou-se que a pesquisa-ação era sempre vinculada à perspectiva da Teoria Crítica, de emancipação dos sujeitos e busca da democratização social. Isso porque esse tipo de pesquisa chegou à América Latina sob esta perspectiva. Pesquisadores atuavam junto a comunidades marginalizadas economicamente e trabalhavam em prol de sua emancipação, de sua conscientização rumo à transformação social. Entretanto, existem outras modalidades de pesquisa-ação como aquela desenvolvida em sala de aula, pelo professor, com o intuito de aprimorar sua prática docente ou buscar a resolução de algum problema relacionado aos aspectos mais imediatos do ensino. Da mesma forma, a pesquisa-ação pode ocorrer em uma empresa, onde o pesquisador busca trabalhar, junto aos sujeitos da pesquisa, no sentido de identificar problemas e tentar resolvê-los, para a melhoria do desempenho da companhia. Pode, ainda, ser desenvolvida no intuito de perceber impactos de certas abordagens utilizadas pelo pesquisador na valorização da pluralidade cultural, como no paradigma multicultural. Desta forma, em todos estes casos, embora a metodologia seja a da pesquisa-ação, o conjunto de crenças que move os pesquisadores difere. Assim como havia (e ainda há) preconceito contra a pesquisa quantitativa, erroneamente associada ao Positivismo, muitas ilusões e ideias preconcebidas circulam em torno das metodologias qualitativas de pesquisa, tais como a pesquisa-ação, ideias e preconceitos estes que devem ser superados em prol da valorização da diversidade, inclusive metodológica.

Capítulo 2

Pluralidade de Paradigmas e Critérios de Rigor em Pesquisas

2.1. Introdução

Em linhas gerais, conforme comentamos anteriormente, na contemporaneidade da evolução da pesquisa, contamos com uma série de paradigmas e metodologias, que coexistem na realização de nossos estudos. Tratar a pesquisa como neutra é, hoje em dia, considerado o maior atentado ao rigor científico. Qualquer pesquisa é informada pelo paradigma abraçado pelo pesquisador, pelo modo como considera a realidade pesquisada e sua atuação na mesma, pelos valores que mobilizam seus questionamentos e o desenvolvimento de seu estudo.

De fato, não mais necessitamos restringir-nos a pesquisas que apenas focalizem aspectos observáveis, quantificáveis. Ao mesmo tempo, também não devemos rejeitar tais pesquisas, em prol de um domínio absoluto de pesquisas qualitativas. Nossos objetivos são diversos, e também os paradigmas que movem nossos desejos de pesquisar. Podemos estar interessados nos sentimentos e percepções dos sujeitos que pesquisamos; podemos estar mais interessados em analisar tais sentimentos e percepções à luz de um projeto de transformação do contexto maior em que se inserem; ainda, podemos querer simplesmente registrar aspectos que atuam sobre resultados observados, de forma a poder generalizar para a população estes aspectos e poder prever probabilidades de sua aparição e impacto nesta população.

Conforme percebemos, a metodologia consiste em uma opção referente "como" realizar uma pesquisa de modo a atender aos objetivos da mesma. Porém, por si só, não indica a opção filosófica do pesquisador. Esta deve ser clarificada ao se tornar explícito o paradigma, o enfoque do pesquisador. Em outras palavras, não há metodologia sem um olhar teórico, um paradigma que a informa, no estudo realizado. Portanto, o que se verifica é que a ânsia em rejeitar o Positivismo acabou resultando em uma ânsia em se rejeitar a metodologia quantitativa em geral (como comentamos antes). Entretanto, outra consequência foi a ideia errada de que metodologias qualitativas, por sua vez, poderiam abandonar ideais de objetividade e de rigor científico, tão defendidos pela corrente positivista. Isso teve como consequência a presença de pesquisas qualitativas sem o menor critério de rigor: algumas, particularmente dos anos 80, nos dão a impressão de que não são pesquisas, mas apenas "historinhas" que vão sendo contadas, sem qualquer preocupação em deixar claros, aos leitores, os paradigmas em que se baseiam as teorias que as sustentam, os potenciais e desafios das metodologias utilizadas e assim por diante. Admitir que a subjetividade do pesquisador interfere na pesquisa não significa, portanto, deixar de lado critérios de objetividade e de rigor no desenvolvimento e no relato das pesquisas, sejam qualitativas e/ou quantitativas.

Nesse sentido, o presente capítulo irá, inicialmente, apresentar paradigmas e seus pressupostos, que se desenvolveram e se desenvolvem no processo de evolução da pesquisa, nas diversas áreas. Em seguida, em uma perspectiva multicultural que abraçamos, irá analisar critérios de rigor gerais e aqueles plurais, que se referem aos paradigmas e às metodologias que informam os estudos desenvolvidos.

2.2. Paradigmas de Pesquisa e seus Pressupostos

A evolução da pesquisa científica levou, conforme discutido anteriormente, a possibilidade de uma pluralidade de paradigmas, para além do positivismo. Entretanto, abraçar um paradigma significa estar consciente das dimensões inerentes ao mesmo. De acordo com Lincoln & Guba (2006), a grande questão que move os diversos paradigmas de pesquisa seria se o mundo a ser pesquisado possui uma existência real, apreensível, ou se esta existência estaria diretamente ligada à experiência humana.

Em linhas gerais, Lincoln & Guba (2006) analisam paradigmas a partir de três dimensões: ontológica, epistemológica e metodológica. A primeira refere-se à visão de real que informa o estudo. A segunda refere-se à forma de construir o conhecimento sobre este real. A terceira refere-se ao modo de aproximação à realidade pesquisada, como o conjunto de estratégias metodológicas intimamente ligadas à ontologia e à epistemologia do paradigma.

Para ilustrar essas dimensões, apresentam quadros ilustrativos que, salvo algumas modificações, sintetizamos a seguir.

Positivismo - ontologia: realismo ingênuo, acredita que a realidade é passível de ser apreendida pelo pesquisador; epistemologia: dualista/objetivista, acredita que a produção de conhecimento sobre este real dá-se de forma objetiva, sem a interferência do subjetivismo do pesquisador e dos sujeitos pesquisados, portanto de forma neutra; e metodologia: quantitativa, experimental, verificando hipóteses e generalizando resultados.

Pós-positivismo - ontologia: realismo crítico, acredita que não se pode ter certeza do real ou apreendê-lo de forma total (como queria o positivismo), mas sim de forma probabilística; epistemologia: dualista/objetivista modificada, acredita que a produção de conhecimento sobre este real dá-se de forma objetiva, porém concebida de forma diferente do positivismo: a objetividade dá-se a partir das trocas de resultados com outros pesquisadores, com a comunidade científica, que irá validar as descobertas como verdadeiras ou não; e metodologia: preferencialmente quantitativa, mas aceita incluir métodos qualitativos, desde que contenha descrições detalhadas e pormenorizadas.

Teoria Crítica, modelos marxistas e outros paradigmas (tais como estudos culturais, multiculturalismo crítico, teoria *queer*, estudos étnicos, estudos decoloniais, estudos curriculares críticos) - ontologia: realismo histórico, acredita que a realidade é influenciada por valores sociais, políticos, culturais, econômicos, étnicos e relacionados ao gênero, cristalizados no decorrer do tempo; epistemologia: objetivista/subjetivista, acredita que a produção de conhecimento sobre este real dá-se de forma objetiva, porém mediada pela inserção do pesquisador em um sistema de relações de poder assimétricas que moldam seus valores e suas subjetividades; e metodologia: quantitativa ou qualitativa, desde que seja dialógica, dialética, voltada à conscientização dos sujeitos sobre relações de poder assimétricas e a transformação social.

Construtivismo Social ou Pós-Modernismo e outros paradigmas (incluindo multiculturalismo pós-colonial ou pós-moderno, teoria queer pós-modernizada, estudos curriculares pós-críticos) - ontologia: relativismo, acredita que a realidade é plural, sendo, na verdade, um conjunto de realidades, construídas pelos sujeitos plurais, relativas aos universos desses sujeitos, em planos locais e específicos; epistemologia: subjetivista, acredita que a produção de conhecimento sobre este real dá-se de forma subjetiva, por intermédio das percepções, representações e discursos dos sujeitos da pesquisa; e metodologia: preferencialmente qualitativa, desde que seja interpretativa, hermenêutica, dando conta das múltiplas construções discursivas sobre o real.

É importante fazer três observações, neste ponto. Inicialmente, enfatizamos que qualquer classificação, incluindo a que apresentamos sobre as dimensões paradigmáticas, são sempre limitadoras, uma vez que colocam, "em caixas", perspectivas complexas, dinâmicas e que contam com muitas nuances impossíveis de serem captadas em denominações estanques. Seu uso, no nosso caso, visa tão somente a permitir, via "licença didática", uma visualização geral da não neutralidade do pesquisador e as visões gerais que informam modos de pensar e construir pesquisas, nas diversas áreas.

Uma segunda observação refere-se à possibilidade de acomodação ou hibridização de paradigmas. Este é um assunto polêmico, que certamente divide opiniões. Em linhas gerais, defendemos, em nossa perspectiva multicultural e de rompimento de barreiras curriculares, que, algumas vezes, o pesquisador pode circular por autores e referenciais teóricos cujas inserções não sejam absolutas em um ou outro paradigma. Charlot (2006), por exemplo, defende a existência de campos mestiços ou híbridos, que se constituem nos entrelaçamentos de perspectivas plurais. Assim, por exemplo, podem existir trabalhos em que argumentamos que nosso paradigma é o multiculturalismo crítico pós-modernizado ou pós-colonial, ou seja, uma acomodação ou hibridização entre o multiculturalismo vinculado à perspectiva da teoria crítica e aquele mais ligado ao pós-modernismo ou construtivismo social.

Neste caso, junto a Lemgruber & Oliveira (2011), lembramos a importância da argumentação na forma como é conduzida a pesquisa, sendo um aspecto relevante para não "cair na ilusão" de um universalismo ou uma verdade absoluta de pensamentos únicos ou formas homogêneas de se fazer ciência. No caso de acomodação paradigmática, a argumentação deve mostrar quais aspectos estão ligados aos dois paradigmas, justificando e fundamentando, de modo consistente, esta opção. É importante que essa argumentação seja realizada de modo coerente, fundamentado, para que a acomodação ou hibridização paradigmática não seja confundida com ausência ou fragmentação de referencial teórico. Também, é relevante notar que tal procedimento deve ser empreendido por pesquisadores que acreditam no mesmo.

Observamos também que questões éticas devem estar presentes em todo o processo da pesquisa. Estas incluem não só termos de autorizações e documentos que o pesquisador deve apresentar para realizar seu estudo, mas também envolvem questões de anonimato, de empatia entre pesquisador e sujeitos pesquisados, de devolução de resultados para o campo do estudo e assim por diante, como aprofundaremos no capítulo de considerações finais do presente livro.

A partir do exposto, Lincoln & Guba (2006), o processo da pesquisa pode ser compreendido, em linhas gerais, como aquele que envolve: a) o pesquisador como sujeito multicultural, que se insere na pesquisa que realiza, com suas opções éticas, multiculturais; b) os paradigmas e perspectivas teóricas abraçadas pelo pesquisador (pós-positivismo, teoria crítica, modelos marxistas, estudos culturais, multiculturalismo crítico, estudos decoloniais, teorias curriculares críticas, construtivismo social ou pós-modernismo, multiculturalismo pós-colonial, estudos culturais pós-modernizados, teorias curriculares pós-críticas, teoria *queer* pós-modernizada); c) metodologias ou estratégias de pesquisa (metodologias quantitativas ou qualitativas, com tipos de estudos explicitados: experimentais ou surveys, no caso de pesquisas quantitativas; já no caso de metodologias qualitativas, alguns exemplos são: estudos de caso de cunho etnográfico, pesquisa-ação, histórias orais, histórias de vida, pesquisa histórico-documental e assim por diante; d) métodos ou instrumentos de coleta de dados (entrevistas, questionários, observação, análise documental, grupos focais, métodos visuais); e) métodos de análise de dados (análise de discursos, análise de conteúdo, análise auxiliada por recursos computacionais, análise interpretativa e assim por diante).

Assim, sugere-se que projetos de pesquisa devem apresentar: uma introdução, que mostre a contextualização do tema, como surgiu, sua importância geral; um afunilamento, que leve ao problema e às questões e objetivos do estudo; uma justificativa, que mostre: relevância para o campo de estudos, motivação pessoal/profissional e lacunas do conhecimento que o estudo irá preencher (neste ponto, a consulta a *sites* e bancos de dados com artigos e trabalhos acadêmicos recentes pode ser citada, com os resumos daqueles que falam diretamente do assunto tratado, mostrando o que tem sido enfatizado e quais as lacunas que o presente estudo pretende cobrir, demonstrando sua originalidade); paradigma e referencial teórico; metodologia; e, no caso do relatório, ainda a análise de dados e as conclusões e recomendações.

Finalmente, enfatizamos que, a todo o momento, novos paradigmas e novas perspectivas, ligados a momentos históricos e culturais, têm emergido nos campos científicos. A argumentação pela relevância de paradigmas deve ser coerente com a visão dos pesquisadores que, com suas narrativas expressas em monografias, dissertações, teses e artigos científicos, irão defender pontos de vista, sem recaírem em tons generalizantes, arrogantes ou opinativos.

2.3. Critérios de Rigor em Pesquisas: gerais e plurais

Conforme discutido, o novo milênio caracteriza-se por uma pluralidade de paradigmas e metodologias. Hoje, por exemplo, temos o convívio de paradigmas pós-positivistas com paradigmas construtivistas sociais ou pós-modernos, com maior ou menor intensidade de relativismo, assim como com paradigmas da teoria crítica, paradigmas multiculturais e outros. As novas configurações paradigmáticas frutificam-se, com maior ou menor inserção nos paradigmas anteriores, como o multiculturalismo – que é um conjunto de teorias, políticas e práticas voltadas à valorização da pluralidade cultural e o desafio a preconceitos.

Na visão do paradigma multicultural que abraçamos no presente livro (Canen, 2012a, b; c, 2011, 2009, 2008, 2007; 2005 a,b; 2004; Canen & Canen, 2005, 2008 a,b; 2010; Canen & Santos, 2009; Canen & Xavier, 2011; Warren & Canen, 2013), não se trata de um relativismo total na concepção do rigor da pesquisa. Defendemos que há critérios de rigor que devem ser respeitados por todas as pesquisas. No entanto, tal paradigma desafia preconceitos também relativos a metodologias, conforme discutimos anteriormente. Nesse sentido, além de critérios gerais, o multiculturalismo que defendemos preconiza que devemos pluralizar nossos critérios em função das metodologias e dos paradigmas abraçados pelos pesquisadores. Desse modo, critérios de rigor apresentam-se, em parte, comuns e, em outra parte, plurais, de acordo com as perspectivas paradigmáticas e metodológicas do pesquisador.

A seguir, apresentaremos critérios que julgamos importantes para balizarem as pesquisas científicas, independentemente do paradigma e da metodologia. Neste sentido, **critérios de rigor comuns a todas as pesquisas são:**

- haver um problema de pesquisa e não apenas um tema;

- haver uma justificativa que mostre a relevância do tema para o campo de estudos, assim como motivação pessoal/profissional e lacunas do conhecimento que o estudo pretende cobrir. Isto é, a pesquisa deve apresentar possibilidades para que o leitor situe o estudo dentro da produção de conhecimento mais amplo na área. Isto pode ser feito na medida em que, na justificativa do estudo, o pesquisador mostre que fez um levantamento da produção sobre sua temática, em bancos de dados relevantes, resumindo o que foi dito e mostrando as lacunas nessa produção. O objetivo é demonstrar a originalidade do estudo e sua inserção nessa produção. Deve, também, mostrar a motivação do pesquisador e a relevância da pesquisa na área de estudo, conforme dito anteriormente;

- exibir a clarificação dos valores e do paradigma que move o pesquisador, de forma que o leitor possa compreender a partir de que conjunto de crenças a pesquisa foi desenvolvida e apresentar suas críticas e interpretações alternativas;

- mostrar a necessidade de que a análise de dados seja feita de forma que o pesquisador apresente evidências para suas interpretações e não apenas as interpretações propriamente ditas (ex: no caso de metodologias qualitativas, deve apresentar falas originais dos entrevistados, trechos do diário de campo que descrevam diálogos e situações conformeocorreram, extratos dos documentos com a redação original; nas pesquisas quantitativas, tabelas numéricas mostrando as relações entre variáveis e assim por diante.), de modo a permitir reflexões alternativas, por parte do leitor; da mesma forma, esta análise de dados deve proceder à comparação dos resultados com os pressupostos teóricos anteriormente discutidos.

Tais critérios gerais pluralizam-se e são acrescidos de outros típicos de metodologias e paradigmas. Assim, o pesquisador deve apresentar, além dos critérios comuns acima listados, a coerência da problematização e da análise de dados com o paradigma abraçado. Neste caso, deve estar atento ao que discutimos no item anterior deste capítulo, ou seja, às dimensões ontológica, epistemológica e metodológica dos paradigmas. Caso aceite a acomodação ou o hibridismo dos mesmos, deve argumentar, consistentemente, a respeito desse processo no contexto da pesquisa, de modo que não incorra em incoerências ou em fragmentação do olhar teórico.

No caso das metodologias, observa-se que, se o pesquisador optou por metodologias quantitativas, somam-se, aos critérios comuns acima citados, outros citados no capítulo anterior e que vale a pena serem listados novamente, neste ponto, sendo considerados **critérios de rigor relativos às pesquisas na metodologia quantitativa:**

- o estudo deve mostrar a relação entre fenômenos ou variáveis;
- parte-se de hipóteses bem delineadas a respeito dessas variáveis;
- testam-se tais hipóteses através da observação e da experimentação ;
- controlam-se variáveis intervenientes, ou seja, aquelas que possam interferir nesse processo - no caso de pesquisas quantitativas experimentais, deve-se provar que ambos os grupos (de controle e experimental) possuem equivalência. Tudo isto é necessário na metodologia quantitativa pois, do contrário, podemos contestar a pesquisa, rejeitando a influência das variáveis independentes sobre as dependentes, uma vez que aquelas intervenientes não foram devidamente controladas;
- o estudo deve ser realizado com uma amostra estatisticamente representativa da população para que os resultados possam "valer" para toda a população. Assim, o estudo deve produzir resultados "generalizáveis", ou seja, que possam ser extensivos à população;
- a conclusão deve indicar o impacto de uma das variáveis sobre outra (ou, de acordo com as novas tecnologias e análises multivariadas, de um grupo de variáveis sobre outro), após o controle sobre as variáveis intervenientes.

Os critérios acima são relevantes para todas as pesquisas na metodologia quantitativa, seja na *modalidade experimental* (como no exemplo acima), como também na modalidade de *survey* ou pesquisa de levantamento (por exemplo, pesquisas de sondagem de opiniões).

É interessante observar, conforme apontou Rosenfield (2014), que pesquisas de opinião do tipo *survey*, muito usadas em processos eleitorais, podem apresentar erros, por ele classificados como erros amostrais – que são aqueles originados do desenho da amostra da pesquisa (por exemplo, se houve maior peso aos entrevistados em uma região do país) e não amostrais, que são aqueles erros de execução (por exemplo, a ordem das perguntas dos questionários, que pode contaminar as respostas dos entrevistados).

No entanto, se a pesquisa é qualitativa, não pode ter os mesmos critérios da metodologia quantitativa, em termos de amostra e generalização de resultados, mas sim outros, típicos do rigor deste tipo de metodologia. Neste caso, além dos critérios de rigor comuns, anteriormente citados, o pesquisador deve acrescentar alguns **critérios de rigor relativos às pesquisas na metodologia qualitativa**, que sugerimos, a seguir:

- embora se refira a casos específicos, analisados em sua singularidade, a pesquisa qualitativa deve fazer "pontes" entre esses casos e a realidade educacional mais ampla, para que possa apresentar potenciais para a compreensão desta mesma realidade;

- a pesquisa qualitativa deve apresentar a triangulação de perspectivas, ou seja: utilizar, por exemplo, no mínimo três instrumentos de coleta de dados, ou três perspectivas diferentes

- para a análise do objeto de estudo, ou três grupos de sujeitos diferenciados para responderem sobre as questões relativas ao problema da pesquisa. Segundo Denzin & Lincoln (2006), a triangulação refere-se a uma tentativa de assegurar uma compreensão em profundidade do fenômeno em questão. Os referidos autores levantam a ideia de que se pode pensar na imagem de um cristal, tridimensional, para além do triângulo, o que poderia dar conta da pluralidade de perspectivas que devem estar presentes para um conhecimento mais completo da realidade pesquisada;

- ao fazer o que está escrito nos itens anteriores, um outro tipo de generalização, denominada de generalização naturalística, é possibilitada na pesquisa qualitativa. Este tipo de generalização é diferente daquela das metodologias quantitativas. Ela se refere à possibilidade de uma pesquisa qualitativa permitir que leitores em outras realidades identifiquem pontos em comum com a experiência relatada, o que é conseguido quando a pesquisa qualitativa insere suas preocupações no contexto maior em que se insere. Ou seja: embora trabalhe com o particular (ex. um caso), ao colocar este particular no contexto mais geral, pode ser de interesse para outros pesquisadores, o que faz com que ela vá se "generalizando", naturalmente, a-posteriori. Por exemplo, se o interesse é fazer um estudo de caso sobre a profª. X, trata-se de algo muito particular. No entanto, se o problema da pesquisa situar este tópico muito particular – o caso da profª. X – em um contexto mais amplo do conhecimento – poderá possibilitar a generalização naturalística. Neste caso, ao invés de dizer que irá estudar o caso da profª. X, o pesquisador poderia dizerque vai estudar em que medida uma professora (profª. X) consegue alfabetizar uma turma com sucesso. Conforme se percebe, o caso particular terá sido inserido em um campo maior de conhecimentos. Ou seja, o particular – estudo de caso – passa a atrair o interesse para além desta realidade muito pontual, inserindo o campo de interesses na área de alfabetização e sucesso escolar. Possibilitar a generalização naturalística é um importante critério de rigor nas metodologias qualitativas.

É importante observar que, no caso de pesquisas *quanti-quali* ou *quali-quanti*, para além dos critérios de rigor comuns, aplica-se àqueles relativos às pesquisas qualitativas para a parte quali e os que se referem às metodologias quantitativas para a parte quanti da pesquisa. A partir do exposto, salientamos que é importante que o desenvolvimento da pesquisa seja coerente com o propósito da mesma, com relação às finalidades que são atribuídas a ela pelo paradigma e pela metodologia escolhidos.

Por exemplo, se realizamos uma pesquisa-ação, em uma sala de aula, trabalhando com alfabetização na perspectiva multicultural, estaremos interessados em propiciar, aos alunos, experiências em alfabetização que respeitem seus universos culturais, de forma a contribuir para sua formação como cidadãos – que é a característica deste paradigma. Ou seja, no caso do paradigma multicultural, deveremos verificar em que medida a alfabetização foi trabalhada a partir dos universos culturais dos alunos, em que medida valorizou a diversidade cultural dos mesmos e desafiou preconceitos, possibilitando-lhes uma análise crítica da situação em que se encontram e perspectivas de transformação embutidas no trabalho – já que estes são pressupostos deste paradigma.

É importante observar, neste ponto, a propósito da pesquisa-ação, seu potencial para a valorização da diversidade cultural, conforme argumentado por Thiollent & Colette (2014). De fato, os referidos autores defendem que a pesquisa-ação permite o protagonismo dos sujeitos do estudo, permitindo estabelecer elos entre saberes, conhecimentos e ações que favorecem a valorização da diversidade de identidades culturais envolvidas na pesquisa.

Em termos da metodologia, como o nosso exemplo trata de pesquisa qualitativa, do tipo pesquisa-ação, devemos acrescentar, ainda, para julgar o rigor da pesquisa, os critérios relativos a esta metodologia, ou seja, verificaremos como se deu a ação, em que medida a ação do pesquisador foi compartilhada pelos sujeitos do estudo, que evidências a pesquisa apresenta para mostrar os impactos do trabalho do pesquisador sobre a alfabetização desenvolvida, quais foram as medidas para a triangulação dos dados e para possibilitar a generalização naturalística dos resultados e assim por diante.

Existem algumas **técnicas de coleta de dados**, mencionadas pelos autores, Gil (1995) e Trivinõs (1995), tais como: observação (que pode ser estruturada – com roteiro pré-definido; não estruturada – sem roteiro; ou semiestruturada – que apresenta um roteiro geral, mas que busca captar a realidade observada de uma forma mais geral); entrevista (que segue a mesma classificação, podendo ser estruturada, não estruturada ou semiestruturada); grupo focal (que é uma técnica de coleta de dados semelhante a uma entrevista coletiva, com grupos de poucos sujeitos – por exemplo, dez alunos, sendo que o pesquisador propõe questões e registra as respostas do grupo); análise documental (que consiste na análise de qualquer material escrito); questionários, que podem ser abertos ou fechados, com questões objetivas e/ou dissertativas. Os questionários mais fechados, com questões objetivas, são indicados para pesquisas quantitativas, (sendo que aqueles com perguntas mais abertas merecem um tratamento mais qualitativo, sobre os conteúdos respondidos, sendo indicados para pesquisas qualitativas).

No caso da triangulação, a que nos referimos, a pesquisa de metodologia qualitativa que ilustramos nos parágrafos anteriores pode ter triangulado seus dados a partir de três técnicas de coleta de dados: pode, de um lado, ter utilizado a entrevista com a professora alfabetizadora; além disto, pode ter utilizado outra técnica com grupos de alunos – o grupo focal. Em terceiro lugar, pode ter utilizado a análise documental - o pesquisador poderia analisar o programa do curso, por exemplo. Neste caso, teria triangulado sua pesquisa-ação com três técnicas de coleta de dados: entrevista, grupo focal e análise documental – o que é um critério de rigor importante nas pesquisas qualitativas.

Tais critérios plurais, relativos ao paradigma e à metodologia, são acrescidos aos critérios gerais que discutimos anteriormente, os quais devem estar presentes em todas as pesquisas, independentemente do paradigma e da metodologia. Portanto, o rigor da pesquisa será julgado tanto pelos critérios comuns a todas as pesquisas (problematização a partir do tema, justificativa que mostre a inserção na produção do conhecimento e sua relevância, justificativa e fundamentação para todas as escolhas do estudo, análise de dados com as evidências e assim por diante, conforme discutido anteriormente), como também por aqueles relativos ao paradigma do pesquisador (no caso do nosso exemplo, paradigma multicultural) e à metodologia do estudo (no caso de nosso exemplo, pesquisa qualitativa do tipo pesquisa-ação).

A partir do exposto, é importante observar que o ideal seria que, ao mesmo tempo em que são coletados os dados, os pesquisadores procedam à sua análise, ao menos de forma inicial. Desse modo, podem registrar repetições, singularidades e ir comparando com as perspectivas abraçadas pelo estudo. A **análise de discurso** é uma forma interessante de se proceder à interpretação dos dados coletados na pesquisa. Segundo Macedo *et. al.* (2008), a análise do

discurso (AD) constitui-se na possibilidade de captar o sentido não explícito nos discursos obtidos na coleta de dados. Nesse sentido, os referidos autores argumentam que o olhar da análise de discurso focaliza o emaranhado de perspectivas ideológicas que circulam no campo, refletindo as relações sociais e culturais que lhes servem de contexto. Para tal, defendem que a estruturação das palavras define os discursos e possibilita a compreensão dos significados, contradições e possibilidades existentes na realidade pesquisada. Sendo assim, um discurso pode ser analisado por abordagens quantitativas (por exemplo, verificando a frequência com que certas palavras ou categorias aparecem no mesmo, de modo a verificar, a partir dessa frequência, abordagens predominantes) e qualitativas (por exemplo, verificando, de forma holística, como as falas ou os extratos de documentos e de outros materiais apresentam significados, abordagens e indícios das perspectivas predominantes que os sustentam). Em linhas gerais, é interessante notar que hoje, com o desenvolvimento tecnológico, existem *softwares* que podem ajudar a realização da análise de discurso, em ambas as abordagens, qualitativa e quantitativa, explicitando repetições de categorias, sentidos e cruzamentos de abordagens detectados na linguagem e assim por diante.

Entretanto, cabe salientar que a organização da análise de resultados é trabalho dissertativo que exige tempo e cuidado. É importante, para o rigor da pesquisa, que essa análise seja feita de modo a apresentar, para o leitor, conforme dito anteriormente, tanto as reflexões do pesquisador, como também as evidências dos dados do campo e a comparação dos mesmos com o paradigma e o referencial teórico do estudo, levantando aproximações, contradições, hipóteses alternativas e avanços que o estudo possibilita.

Nesse ponto, a partir do exposto, podemos concluir que é possível manter o rigor das pesquisas e, ao mesmo tempo, entender este rigor tanto a partir de critérios gerais, como também de critérios pluralizados em função da diversidade de paradigmas e de metodologias com que contamos. Tal diversidade enriquece nossas pesquisas sem que se caia num vale tudo acadêmico. Devemos tal perspectiva às contribuições das diversas discussões e correntes filosóficas na evolução da pesquisa nas diversas áreas do conhecimento, conforme apresentado neste e no capítulo anterior.

2.4. Considerações Finais sobre o Capítulo

Vimos que alguns paradigmas têm sido citados como coexistentes no panorama da pesquisa científica, cada qual com sua visão de realidade, de conhecimento, de rigor metodológico. Isto porque a emergência de paradigmas não está separada do momento histórico em que surgem, refletindo condições sociais concretas e, ao mesmo tempo, influindo nas formas de compreendê-las. Neste milênio que se caracteriza por grande progresso tecnológico, mas também por incertezas e conflitos generalizados, podemos nos perguntar: que tipo de conhecimento podemos produzir, com nossas pesquisas?

O paradigma multicultural preconiza que devemos respeitar a diversidade cultural. No caso da pesquisa nesse paradigma, também devemos respeitar a diversidade de metodologias, visões de mundo e temáticas que se apresentam, assim como romper barreiras curriculares, desafiando preconceitos tanto contra as ciências humanas como contra as chamadas ciências duras. Ao mesmo tempo, argumentamos que não devemos deixar de lado critérios de rigor, tanto aqueles comuns, como aqueles relativos aos paradigmas e metodologias por nós abraçados, de modo que nossos estudos possam ser confiáveis.

Para isto, devemos sempre ter em mente questões como: Que tipo de pesquisa nos interessa: a que mantém o *status quo* e a exclusão ou, ao contrário, a que busca formas de promover a valorização da pluralidade de vozes que chegam às nossas instituições? Como trabalhar de modo que nossas instituições caminhem no sentido de se tornarem organizações multiculturais, ou seja, aquelas voltadas à valorização da pluralidade e ao desafio a preconceitos, em todos os seus espaços? Como pensar na função do professor, do profissional e dos pesquisadores em meio a um mundo cada vez mais informatizado, porém cada vez mais afastado de valores éticos e morais? Como conceber a função da Ciência em uma sociedade impregnada por valores de competitividade exacerbada em detrimento de valores associados à cidadania?

O pesquisador, em todas as áreas – seja das Ciências humanas e/ou das ciências duras - não pode deixar de considerar essas questões em suas práticas cotidianas. Argumentamos que a pesquisa deve ser um caminho a ser trilhado por todos, e não apenas alguns considerados "iluminados". Trata-se, para tais pesquisadores, de problematizar as práticas e aprofundar conhecimentos sobre os problemas que desejam solucionar. A atitude de pesquisa servirá para que se clarifiquem crenças, paradigma, valores, compreendendo que nenhuma pesquisa é neutra ou independente dessas crenças, desses paradigmas, desses valores. Nesse sentido, tais pesquisadores passarão a agir como produtores de conhecimentos e não só como consumidores passivos dos mesmos. Passarão a compreender as organizações onde realizam suas atividades e suas pesquisas como dotadas de diversidade, lutando para torná-las organizações multiculturais.

Portanto, o pesquisador nessa perspectiva multicultural valorizará a diversidade, a pluralidade de sujeitos, a multiplicidade de paradigmas e metodologias, ainda que diferentes dos seus. Valorizará a pesquisa em todas as áreas, desafiando preconceitos que isolam ciências humanas das chamadas ciências duras.

Dessa forma, torcemos para que essas considerações sejam inspiradoras no desenvolvimento de estudos e pesquisas a partir de critérios de qualidade que, ao mesmo tempo em que balizam o rigor das pesquisas acadêmicas, valorizam a diversidade de campos, temáticas e identidades dos pesquisadores, rompendo barreiras curriculares e desafiando preconceitos no ato de fazer pesquisa. Nossos próximos capítulos ilustrarão tal perspectiva.

Capítulo 3

A Pesquisa Multicultural como Eixo na Formação de Pesquisadores[2]

3.1. Introdução

O presente capítulo argumenta que a compreensão da pesquisa como fenômeno multicultural pode tornar a articulação ensino-pesquisa mais impactante na formação de pesquisadores, em todas as áreas do conhecimento, tanto das ciências humanas como das chamadas ciências duras. Desenvolve o argumento, propondo quatro dimensões centrais nessa perspectiva: a compreensão dos futuros pesquisadores como identidades culturais plurais de pesquisadores em ação; o incentivo às discussões dos temas das diversas áreas em termos de vozes silenciadas e representadas, analisando tensões entre universalismo e valorização da diversidade; a apresentação dos pesquisadores em formação a metodologias plurais de pesquisa; a análise das identidades institucionais ou organizacionais onde se processa a formação de pesquisadores de todas as áreas e sua articulação à perspectiva de pesquisa, problematizando relações desiguais de poder e lutando para que essas instituições se constituam em instituições ou organizações multiculturais.

3.2. Situando a temática da pesquisa na perspectiva multicultural

Discutir o papel da pesquisa em uma perspectiva multicultural como eixo na formação de pesquisadores em todas as áreas, analisando seu potencial para a discussão da diversidade e das diferenças, é o foco do presente capítulo. Neste sentido, torna-se relevante delinear componentes do eixo acima, em termos da compreensão das identidades do pesquisador e dos sujeitos pesquisados, das metodologias e dos temas e conteúdos trabalhados no ensino e na pesquisa, em uma perspectiva multicultural.

---

[2] Capítulo baseado em artigo preliminar: Canen, A. (2008), A Pesquisa Multicultural como Eixo na Formação Docente: potenciais para a discussão da diversidade e das diferenças, *Ensaio*, Vol. 16, No. 59, p. 297-308.

De fato, autores como Lüdke (2001) e André (2001), por exemplo, têm demonstrado a força da ideia do professor-pesquisador, do profissional reflexivo, que problematiza sua prática, refletindo criticamente sobre a mesma e buscando caminhos viabilizadores de transformações. Ao mesmo tempo, entretanto, ressaltam os desafios para a concretização desse ideal, desafios estes referentes aos fatores, tais como a própria compreensão do conceito de pesquisa e formas variadas pelas quais se pensa sobre sua articulação à prática de formação docente.

O presente capítulo defende que o trabalho abstrato, essencializado e pseudo-universal do conceito de pesquisa pouco contribui para a formação de pesquisadores aptos a refletirem criticamente sobre suas práticas e sobre o contexto social, político e cultural mais amplo onde se inserem. Argumenta que a compreensão da pesquisa como fenômeno multicultural pode contribuir para efetivamente tornar a articulação ensino-pesquisa mais impactante na formação de pesquisadores, apontando quatro dimensões centrais nessa perspectiva: a) a compreensão dos futuros profissionais das diversas áreas como pesquisadores em ação, sujeitos portadores de identidades culturais singulares, inseridos em contextos culturais, organizacionais e discursivos específicos; b) o incentivo às discussões dos temas curriculares de forma problematizadora, mobilizadora do desenvolvimento de atitudes de pesquisa que ressaltem as tensões entre pretensões à universalidade e à diversidade cultural, bem como que questionem preconceitos e identidades silenciadas, nos mesmos; c) a apresentação dos pesquisadores em formação a metodologias plurais de pesquisa, entendidas como formas de se proceder a um mergulho na realidade que, no entanto, será sempre filtrado pelo olhar do pesquisador, produtor de narrativas singulares sobre esta realidade; d) a análise das identidades institucionais ou organizacionais onde se processa a formação profissional e sua articulação à perspectiva de pesquisa, problematizando relações desiguais de poder e lutando para que essas instituições se constituam em organizações multiculturais, conforme sugerido por Canen & Canen (2005 a, b).

O capítulo desenvolverá as quatro dimensões acima, discutindo os impactos e potenciais da perspectiva multicultural a partir delas concebida, para a articulação ensino e pesquisa em abordagens críticas e transformadoras, no âmbito da formação de profissionais nas diversas áreas.

3.3. Pesquisadores em ação: pensando nos sujeitos plurais na pesquisa

Em pesquisas desenvolvidas por nós, tais como Canen (2007, 2012 a, b, c), Canen & Santos (2009), Canen & Xavier (2005, 2011, 2012), Canen & Andrade (2005), Canen & Canen (2005 a, b; 2008 a, b, 2010) e Santiago & Canen (2013), temos enfatizado a relevância da valorização da diversidade cultural. Tais pesquisas têm se desenvolvido, também, em diálogo com outros pesquisadores que têm abraçado temáticas multiculturais, tais como Ball (2012), Banks (2004); Candau (2012) e Candau & Moreira (2008), Hall (2003) e Leonardo (2005), bem como com estudos relativos à inclusão em educação, por exemplo, desenvolvidos por Santos (2013). Da mesma forma, tal diálogo também se realiza com autores que trabalham com a centralidade das identidades étnico-raciais nos processos educacionais, dentre os quais destacamos Oliveira (2010). A partir dessas ideias, problematizamos a visão de pesquisa que, muitas vezes, impregna os cursos de formação profissional nas diversas áreas. Tal visão é, frequentemente, limitada à compreensão de modelos de construção de projetos de pesquisa, enfatizando o aspecto instrumental em detrimento da discussão das finalidades, dos impactos e da dimensão multicultural e política da pesquisa. Também, fica faltando incorporar a dimensão da pesquisa no próprio corpo da formação de pesquisadores, muitas vezes deixando-se para falar sobre a mesma apenas em disciplinas específicas ou na conclusão de cursos.

A compreensão do pesquisador como não neutro, portador de identidade cultural, étnica, racial, religiosa, de gênero e outros fatores têm sido por nós enfatizada, reforçando o que Denzin e Lincoln (2006) defendem como a visualização do pesquisador como sujeito multicultural, que é influenciado por sua história de vida, seus pertencimentos identitários e pelas relações estabelecidas em seu campo de atuação e de pesquisa. Trabalhar com a pesquisa poderia, nesta visão, incorporar o papel do futuro profissional como pesquisador em ação, problematizando, em primeiro lugar, a pseudoneutralidade com que costuma ser interpretado.

A primeira dimensão no trabalho da formação de pesquisadores em uma visão multicultural passa pela sensibilização à diversidade cultural dos próprios professores-formadores-autores-pesquisadores, que constroem/transmitem o conhecimento nas diversas áreas curriculares, assim como dos estudantes com quem vão interagir. Tal visão leva à discussão dos paradigmas que movem o pesquisador, variando desde perspectivas mais funcionalistas, neopositivistas, que defendem a possibilidade de acesso ao real por este pesquisador, passando por outras de cunho mais crítico, que preconizam a necessidade de compromisso político com a transformação da realidade e chegando a paradigmas ligados às perspectivas pós-modernas, construtivistas sociais, que movem pesquisadores no sentido de focalizarem suas atenções nos discursos que circulam nos ambientes em estudo e nas relações desiguais de poder que resultam em ênfases ou omissões aí presentes.

Esse primeiro nível de discussão remete, por um lado, à estreita vinculação entre a forma pela qual um mesmo tema de pesquisa pode ser desenvolvido e problematizado em perspectivas plurais. É interessante, nessa perspectiva, a observação feita por Fávero e Segenreich (2004, p. 82), citando o historiador Edward Carr, a propósito do impacto do pesquisador sobre o objeto pesquisado, no contexto da pesquisa historiográfica: "os fatos não falam por si [...] mas falam quando o pesquisador os aborda - pois é ele quem decide quais os fatos que vêm à cena e em que ordem ou contexto [...]". Estreitamente ligada a esse aspecto, a visão multicultural de pesquisa leva à necessidade de valorização das formas diferenciadas de se realizar pesquisa, respeitando-se os paradigmas dos pesquisadores e os critérios de rigor e relevância inerentes àqueles paradigmas.

Optar por uma só forma de realizar pesquisa, de levantar temas ou problematizar a realidade pode significar o retorno ao "pensamento único", tão questionado durante o processo de evolução da pesquisa acadêmica, que vinculava o caráter científico apenas aos estudos desenvolvidos sob a égide do positivismo lógico e da metodologia quantitativa.

A pluralidade paradigmática defendida pelo olhar multicultural sobre a pesquisa responde à complexidade dos problemas que nos desafiam nas diversas áreas, em três perspectivas. Em primeiro lugar, essa perspectiva valoriza as contribuições dos diferentes pontos de vista no enfrentamento desses problemas, desafiando dogmatismos ou visões estáticas, marcadas ideologicamente pelo preconceito com relação às diferenças e pelo afã de imposição de visões uniformes sobre a realidade. Isso faz com que os textos que ministramos em nossas disciplinas possam ser discutidos, problematizados, em termos das visões de mundo que os impregnam, dos paradigmas que movem os autores, contextualizando suas contribuições e, sempre que possível, trazendo pontos de vista alternativos que problematizem aquelas visões ou que estejam situados em paradigmas diferentes.

Em segundo lugar, esta visão pluralística de paradigmas é relevante na medida em que, na linha defendida por Charlot (2006), desafia "panelinhas teóricas" e chama, para si, o conceito de hibridização ou mestiçagem, que caracteriza linhas teóricas e campos que matizam, mesclam e sintetizam contribuições de áreas diversas em perspectivas trans e interdisciplinares, rompendo barreiras curriculares, conforme sugerido por Canen & Canen (2005 a, b, 2008 a, b, 2010). Isso significa trabalhar com novos campos, novos olhares, sínteses culturais criativas e mestiças pelas quais os problemas das diversas áreas de estudo são analisados por autores nacionais e internacionais, em nosso campo, para além dos olhares das disciplinas mais convencionais.

Em terceiro lugar, tal perspectiva permite ao pesquisador compreender a importância da valorização da diversidade cultural, do embate entre posturas e paradigmas diferentes na interpretação do real. Propicia a oportunidade de compreender a necessidade de combate ao pensamento único, bem como a importância em se ter acesso a pontos de vista culturais plurais e, muitas vezes, contraditórios, que perfazem as narrativas sobre este real.

Na formação de pesquisadores, tanto no nível de graduação como de pós-graduação, tal olhar representa um eixo que muito tem a contribuir para a reflexão crítica sobre a própria pesquisa, levando estudantes e futuros pesquisadores a identificarem âncoras teóricas e influências identitárias do pesquisador nos temas, problematizações e caminhos percorridos. Auxilia, também, futuros pesquisadores em formação a pensarem em suas próprias identidades culturais e os impactos das mesmas em suas escolhas e pertencimentos, no cotidiano das relações estabelecidas nas instituições. Prepara-os para a desconfiança de discursos que buscam silenciar suas identidades. Sensibiliza-os para o combate àqueles que apresentam, travestida de cientificidade, a defesa de linhas teóricas e campos apresentados como "puros", mas que embutem, na verdade, preconceitos contra campos teóricos mestiços, conforme discutido por Charlot (2006) - tais como o multiculturalismo, centrais no enfrentamento de problemas cada vez mais complexos no mundo contemporâneo.

Em trabalho sobre o significado de pesquisa atribuído por professores-pesquisadores-formadores, desenvolvido por Canen & Andrade (2005), fica clara a pluralidade de visões epistemológicas, ontológicas e metodológicas que configuram a pesquisa. Da mesma forma, verifica-se a necessidade, em uma formação crítica, de discussão das possibilidades paradigmáticas que se abrem para o pesquisador, em sintonia com sua identidade cultural singular e com o contexto cultural em que se insere seu estudo. Ao mesmo tempo, em outras pesquisas realizadas, tais como as desenvolvidas por Batista et. *al.* (2013) e por Canen & Xavier (2005), analisou-se em que medida a perspectiva multicultural tem estado presente em políticas brasileiras, particularmente no Plano Nacional de Educação e nas Diretrizes Curriculares Nacionais para a formação de professores. Buscou-se identificar, nas mesmas, potenciais e lacunas no que se refere a uma visão multicultural da pesquisa, na formação profissional.

Trata-se, pois, esta primeira dimensão - a compreensão da pluralidade de sujeitos e de suas visões de mundo no ato de pesquisar - uma primeira aproximação para se relativizar verdades e dogmas, na formação de pesquisadores, bem como de se questionar argumentos de autoridade, muitas vezes presentes em textos e materiais com que trabalhamos no contexto desta formação. Também, implica em que possamos ressignificar o conceito de tolerância, em uma perspectiva valorizadora do mesmo no contexto das relações entre identidades plurais (Andrade, 2011). Esta dimensão permite que se trabalhe em uma perspectiva de articulação ensino e pesquisa que problematize conteúdos ensinados, identifique paradigmas, contextos e crenças plurais que movem autores e pesquisadores. Permite trabalhar o ensino e a pesquisa em uma perspectiva de valorização da diversidade cultural, em uma visão de educação igualmente voltada à valorização do plural e do diverso. Compreender, pois, o pesquisador como sujeito multicultural, que se afina com visões epistemológicas e ontológicas inerentes a paradigmas plurais de pesquisa, significa superar a ingenuidade sobre uma falsa neutralidade ou universalidade no ato de pesquisar, condição central de abertura para culturas e visões plurais, presentes nas organizações.

3.4. O olhar multicultural sobre temas, metodologias e instituições na formação de pesquisadores: perspectivas, tensões o desafio a preconceitos

A visão multicultural na formação de pesquisadores, para além das considerações acima, implica pensar-se nas três outras dimensões apontadas anteriormente como constitutivas dessa formação, quais sejam: os temas de pesquisa, as metodologias do mergulho na realidade das organizações e o papel das mesmas como organizações multiculturais, conforme discutido por Canen & Canen (2005a, b) no fomento à pesquisa e à pluralidade cultural, no contexto dessa formação.

No que se refere aos temas e problemas que informam o desenvolvimento de pesquisas -segunda dimensão apontada no presente trabalho - estudos desenvolvidos por Canen (2004, 2012 a, b, c; 2014); Canen & Canen (2005a, b; 2008a, b, 2010); e Canen & Peters (2005) argumentam que a pesquisa em uma abordagem multicultural pode eleger, de um lado, temas mais voltados às questões relativas ao desafio a preconceitos e valorização da diversidade étnica, racial, de gênero e outras; de outro lado, pode significar um olhar sobre as tensões que cercam temas mais convencionais das áreas de estudo.

No caso de temas voltados à valorização da diversidade cultural, – caros ao multiculturalismo - podem ser trabalhados por intermédio de textos e materiais que destaquem em que medida as identidades plurais têm sido contempladas em abordagens teóricas, em práticas cotidianas e em políticas educacionais no Brasil e em outros países. Nesse contexto, a discussão do impacto de ações afirmativas na Educação, os dilemas de grupos identitários como negros, indígenas e outros no cotidiano das organizações e nas políticas educacionais, estudos de caso que ilustrem desafios, no cotidiano institucional, em lidar com a pluralidade cultural e com o desafio a preconceitos, são alguns exemplos. Também, pesquisas como a desenvolvida por Ringer *et. al.* (2014) são ilustrativas dessa perspectiva. No caso do estudo citado, trata-se de um trabalho que utilizou cinco grupos focais, cada um com doze estudantes universitários, demonstrando os impactos de suas percepções e universos culturais plurais nos processos e resultados de avaliações realizadas, analisando em que medida a diversidade cultural tem ou não sido incorporada nesses processos.

Para além desse tipo de abordagem, o multiculturalismo pode representar uma lente que auxilia no diagnóstico de tensões entre visões que se pretendem mais "universalistas" e outras mais

"relativistas" na abordagem de temas mais convencionais e na formação de profissionais, incluindo executivos multiculturais nas organizações. Em outras palavras, essas tensões se dão no contexto das discussões entre universalismo e relativismo, traduzidas, por exemplo, na análise de propostas e políticas que buscam apresentar parâmetros ou diretrizes comuns em currículos (por exemplo, diretrizes curriculares nacionais, parâmetros curriculares nacionais, sistemas de avaliação de larga escala) e sua convivência com outras que valorizam a diversidade, a pluralidade (currículos locais, processos de avaliação diagnóstica e formativa, e assim por diante).

Como ilustração, Aguiar & Canen (2007) analisaram o contexto dos desafios da avaliação em uma instituição naval, a partir do olhar multicultural, verificando tensões entre critérios comuns, baseados na identidade organizacional naval, e aqueles que buscavam abertura para a valorização das atuações dos diferentes atores institucionais. Da mesma forma, em outros trabalhos, tais como Canen (2005a, b, c; 2012c), analisamos as tensões e hibridizações presentes na avaliação em seus diversos níveis (de aprendizagem, institucional e de sistemas), discutindo tais tensões no bojo de projetos nacionais e suas relações com projetos educacionais próprios e formas singulares, plurais de desenvolvimento da avaliação. O olhar multicultural busca, também, analisar ênfases e omissões no currículo, por exemplo, em Canen & Moreira (2001), bem como na produção de pesquisas e em cursos de formação de professores (Canen & Xavier, 2011, 2012; Fontoura *et. al.*, 2014) inquirindo sobre as vozes aí representadas e aquelas silenciadas, nessas áreas em estudo.

Dessa forma, o olhar multicultural sobre temas da formação de pesquisadores pode torná-los objetos de pesquisa, ao invés de serem apresentados de forma estática ou coloridos por opções ideológicas que impedem a análise das tensões e hibridizações sofridas na tradução de políticas e opções teóricas educacionais em práticas. Tal dimensão pode favorecer sinergias e hibridizações com outros campos, na busca de soluções para os complexos problemas educacionais. Permite a futuros pesquisadores uma atitude de pesquisa que envolve a problematização de temas, em termos de possibilidades e limites para a incorporação da diversidade cultural em políticas e práticas educacionais.

Para além da visualização da perspectiva multicultural em termos dos paradigmas plurais que movem os pesquisadores, bem como das temáticas e problematizações da pesquisa por eles desenvolvidas (as duas dimensões anteriormente tratadas por nós), pensar multiculturalmente sobre pesquisa vai ao encontro de análise de metodologias que têm questionado o poder do pesquisador e das fontes documentais de fornecerem um retrato "fiel" da realidade pesquisada - terceira dimensão proposta no presente capítulo, como constitutiva da formação de professores e de pesquisadores em uma perspectiva multicultural. O contato do futuro pesquisador com metodologias de pesquisa, tanto quantitativas como qualitativas, em uma perspectiva multicultural, significa vencer preconceitos arraigados com relação a ambos os tipos metodológicos, na medida em que se demonstram não só limites e possibilidades presentes nos dois caminhos, como também sua pertinência aos objetos específicos de pesquisa e a influência do professor pesquisador em todo o processo. Colocar futuros pesquisadores em contato com metodologias de pesquisa e conduzir atividades que demandem a realização de investigações de campo e discussão de caminhos metodológicos empreendidos, em uma perspectiva multicultural, permite o desenvolvimento de professores e pesquisadores em geral que questionam a apreensão do real e sua tradução nos relatos de pesquisa, tradução esta sempre vinculada às identidades culturais e às opções paradigmáticas.

Podemos dar um exemplo dessa abordagem no caso da metodologia da pesquisa histórico-documental. Tal metodologia pode ser apresentada no contexto de trabalhos propostos que demandem, suponhamos, uma investigação sobre os caminhos que levaram à constituição do currículo em uma instituição. Futuros pesquisadores podem ser incentivados a traçar documentos que comprovem a construção das opções curriculares, tais como as grades, as atas de reuniões em que decisões foram tomadas com relação ao currículo, assim como entrevistar atores que participaram do processo. Neste caso, a perspectiva multicultural de apresentação e discussão metodológica permite compreender as diferentes perspectivas e vozes que constroem a história. Duas vertentes neste trabalho podem ser ilustradas. De um lado, a busca das vozes silenciadas e daquelas autorizadas, presentes nos discursos que imbuem os documentos (no nosso exemplo, isto significaria analisar as diferentes opções, quem as defendia, que perspectivas acabaram por impor-se, o que significou este resultado, em termos de ênfases e omissões curriculares); de outro, o interesse por histórias orais, histórias de vida e fontes documentais plurais, muitas das quais pessoais, de modo a levar em conta as narrativas multiculturais que constroem a história (no nosso exemplo, isso significaria entrevistar os atores, situados em diferentes perspectivas, que participaram da história do currículo daquela instituição).

Nesse exemplo da pesquisa histórico-documental como caminho metodológico, o conceito de história é substituído pelo de narrativa historiográfica, buscando-se perceber o lugar dos grupos identitários em sua construção, em termos de sua presença ou invisibilidade. Uma ilustração desse tipo de abordagem é fornecida por Fonseca (2007), que almeja apreender, em seu trabalho, "a forma como os negros vêm sendo tratados nas narrativas da historiografia educacional". No referido artigo, Fonseca (2007, p. 44) analisa publicações na área, identificando a ausência ou presença do negro nas mesmas, focalizando, particularmente, o caso da documentação com relação à história da educação em Minas Gerais, concluindo que a questão racial está presente a partir da documentação censitária, relativa à instrução pública, bem como nos relatos de viajantes, com um viés que parece tornar invisível ou mesmo "estranha" a presença do negro. Conclui que o processo de renovação da historiografia educacional "não avançou no sentido de desnaturalizar o lugar tradicionalmente ocupado pelos negros, tampouco construiu um padrão de narrativa que os incorporasse à história da educação".

Da mesma forma, a análise de fontes documentais alternativas, não oficiais, passa a ser valorizada, uma vez que permite o acesso às narrativas historiográficas feitas a partir de fontes, tais como a literatura, a prosa, os relatos, matérias jornalísticas e outras, de cunho pessoal, destacando-se diários, fotos, e assim por diante. Tais narrativas revelam vozes plurais de identidades individuais e coletivas, não hegemônicas e, portanto, longe de terem sido incorporadas às visões oficiais da história. É o caso, por exemplo, de trabalho realizado por Canen & Xavier (2000, p. 63), que buscou "superar a visão estática da memória nacional para que se viabilize a expressão de diversas vozes na construção da história nacional, incluindo as memórias de grupos e indivíduos diversificados".

De fato, o referido estudo focalizou o registro de memória preservado em uma obra específica - "Os meus romanos: alegrias e tristezas de uma educadora alemã no Brasil", de Ina Von Binzer (1994) - que reúne cartas da jovem governanta alemã, que veio trabalhar no Brasil entre 1881 e 1883, período que antecedeu a abolição da escravatura. Canen & Xavier (2000, p. 64) argumentaram, no referido trabalho, que o mergulho sobre essa fonte documental de cunho pessoal permite perceber "o potencial que as fontes históricas não convencionais, entre elas as memórias pessoais ou de grupos sociais, representam para a compreensão da história da educação brasileira" e, de outro, "aprofunda dimensões e contradições envolvidas em processos de (re)construção identitária, a partir do olhar dos sujeitos que dela participam". Neste sentido, o referido estudo mostrou o caso de uma educadora estrangeira, que chegou ao Brasil ainda presa a visões fortemente marcadas por estereótipos e por perspectivas etnocêntricas. Revelou que, "no decorrer de sua estada no país, [esta] passou a reconfigurar sua identidade, em processos de hibridização narrados em suas cartas", o que sugeriu a relevância do multiculturalismo na perspectiva de análise historiográfica e a importância das fontes documentais plurais nessa visão.

Um outro exemplo pode ser dado a partir de pesquisas na metodologia de estudos de caso de cunho etnográfico e de pesquisa-ação, tais como a desenvolvida por Canen e Xavier (2012), em que estratégias desenvolvidas em um curso de formação continuada de professores na área de Currículo trabalhava o conteúdo em perspectivas antirracistas, por meio de crítica cultural (possibilidade dada aos alunos de compreender, de forma crítica, formas de perpetuação do preconceito, de modo a desafiá-lo), ancoragem social de conteúdos (vinculação dos conteúdos a perspectivas sociológicas e históricas, de modo a compreender a incidência de condições desiguais em casos aparentemente resolvidos pelo campo disciplinar) e hibridização cultural (possibilidade de trabalhar os assuntos por meio de olhares e metodologias diversificadas, para além do "purismo" disciplinar).

A partir das ilustrações acima, fica evidente que a perspectiva multicultural de análise historiográfica, de estudos de caso e outras metodologias qualitativas de pesquisa pode avançar no sentido de possibilitar a formação de pesquisadores das mais diversas áreas que sejam aptos a analisarem criticamente as metodologias de pesquisa e as fontes documentais em termos das narrativas aí produzidas, bem como capazes de inquirir sobre a invisibilidade ou o preconceito que atinge identidades étnicas, raciais, religiosas e outras, por meio da imersão nos contextos e pela participação ativa na produção de pesquisas, no seu contexto de formação.

Finalmente, a quarta dimensão a que nos referimos no presente trabalho como constitutiva da perspectiva multicultural da pesquisa na formação de pesquisadores significa promover o debate e a compreensão das identidades institucionais do campo estudado e que informam a construção da realidade, para além dos discursos homogeneizadores. A busca pela análise da identidade institucional ou organizacional do contexto em que se dá a formação de pesquisadores torna-se, neste prisma, objeto de pesquisa, de modo a articular a visão multicultural com o entorno específico em que circula o professor-pesquisador.

Nesse sentido, analisar a identidade institucional ou organizacional em que se desenvolve a formação, incluindo, aí, o contexto das parcerias entre instituições diversas tais como as escolas, as Secretarias de Educação e as Instituições de Ensino Superior, como desenvolvidas em Canen & Santos (2009), assim como entre organizações e Instituições de Ensino Superior, como proposto por Canen & Canen (2005a, b, 2008a, b), torna-se relevante, na perspectiva multicultural de formação de pesquisadores. Isso porque, nessa perspectiva, trata-se de verificar em que medida se trabalha com instituições ou organizações multiculturais, que estão abertas à pluralidade e à diversidade ou, ao contrário, são impermeáveis às mesmas. Tal visão permite a futuros pesquisadores um olhar problematizador sobre as culturas institucionais, buscando a sensibilização para formas pelas quais relações de poder assimétricas possam estar perpetuando-se no contexto institucional, bem como incentivando-os a inquirir sobre mecanismos de exclusão ou de silenciamento de identidades, de modo a contribuir, de forma ativa e participativa, no desafio aos mesmos.

Tal aspecto torna-se central, uma vez que a pesquisa, em uma perspectiva multicultural, não deve ser entendida apenas como objeto de estudo, mas sim como possibilidade de engajar futuros pesquisadores em movimentos de busca por ambientes de pesquisa que valorizam a pluralidade cultural, que são permeáveis ao diálogo das diferenças, incentivadores de paradigmas e vozes diversificadas e, acima de tudo, desafiadores de visões congeladas e uniformizadas do ato de ensinar, de pesquisar e dos temas e referenciais teóricos de pesquisa. Isto ocorrerá apenas em ambientes institucionais questionadores de quaisquer tentativas de imposição de modo único de pensamento e de formas homogêneas de se tratar a pesquisa científica.

3.5. Considerações Finais sobre o Capítulo

O presente capítulo discutiu o papel da pesquisa em uma perspectiva multicultural. Defendeu que tal perspectiva contribui para o preparo de pesquisadores aptos a analisarem criticamente o impacto de seus valores e paradigmas sobre os temas que estudam, questionando tensões entre visões universalistas e relativistas aí presentes, e também trilhando metodologias de pesquisa e analisando fontes documentais em termos das identidades aí representadas ou silenciadas, bem como buscando formas pelas quais a pluralidade cultural possa ser aí representada. Essa perspectiva promove, pois, a sensibilização para a diversidade cultural, incluindo a pluralidade de forma de se fazer pesquisa, de promover o ensino e a aprendizagem e de interpretar o real.

As quatro dimensões apresentadas no capítulo representam possíveis vias de formação pela pesquisa multiculturalmente concebida. Compreender a pluralidade de paradigmas que informam autores e pesquisadores, bem como tensões presentes nos temas curriculares mais convencionais entre princípios pretensamente universais e a diversidade cultural, assim como a compreensão das metodologias de pesquisa como trilhas plurais de busca de conhecimento das realidades e, por fim, analisar criticamente ambientes institucionais e organizacionais onde se desenvolve a formação de modo a perceber modos de silenciamento e exclusão e desafiá-los, foram propostos como caminhos possíveis, para que superemos uma formação de pesquisadores muitas vezes baseada em visões monoculturais e avessas a desafios.

Trata-se de incorporar a pesquisa na formação de profissionais e pesquisadores que discuta não apenas conteúdos e metodologias, mas, sobretudo, que mergulhe no contexto cultural em que são produzidos os mesmos, inquirindo-se sobre relações de poder que resultam na incorporação, em seu bojo, de algumas vozes e no silenciar de outras. Neste sentido, o contexto da formação de pesquisadores passa a ser visto em termos das formas discursivas que aí circulam, bem como modos de sua produção, impactos que buscam ênfases e omissões que perpetuam.

Entender a formação de pesquisadores, em todas as áreas, como plural, construída por narrativas e pontos de vista diversificados, ajuda futuros pesquisadores a situarem a produção do conhecimento em seu caráter de construção, superando uma visão essencializada e universalizada do ensino e da pesquisa, e entendendo-os como complexos, plurais e plurivocais. Argumentamos, finalmente, que tal perspectiva florescerá em ambientes em que a identidade institucional configure-se como a de uma organização multicultural, cujo clima institucional reflita a valorização da pluralidade de vozes e identidades, e que busque, no confronto de ideias e na orquestração das diferenças, a seiva do trabalho acadêmico e da pesquisa na formação de professores.

Capítulo 4

Ilustrando as Possibilidades da Pesquisa Multicultural no Contexto das Ciências "Duras": uma experiência no ensino da logística[3]

4.1. Introdução

O presente capítulo versa sobre o necessário diálogo entre a pesquisa nas ciências humanas e nas chamadas ciências duras, por meio do paradigma multicultural. Discute sobre as possibilidades de articulação de um campo de pesquisas em educação – o multiculturalismo, que se volta à busca de respostas à pluralidade cultural e ao desafio a preconceitos e estereótipos a ela relacionados – com outros campos do saber, como a logística. Considerando o multiculturalismo central em uma época marcada pelos conflitos e demandas relacionados com as identidades de raça, gênero, religião, etnia, classe social e outras, fundamenta sua argumentação a partir de estudos que não só aprofundam temáticas caras ao campo multicultural, mas que também o incorporam como um novo olhar sobre organizações multiculturais. Nesse sentido, em uma perspectiva de currículo sem fronteiras, defende que o olhar multicultural deve incidir não só sobre o currículo referente às ciências humanas e sociais, mas também às áreas normalmente associadas às chamadas ciências duras, ilustrando uma experiência de ensino de logística em uma perspectiva multicultural. Conclui, sugerindo possíveis caminhos de pesquisas futuras na área.

4.2. Possibilidades de articulação do multiculturalismo a outras áreas do saber: rompendo fronteiras curriculares

O capítulo discute possibilidades e perspectivas de articulação do multiculturalismo a campos de pesquisa na educação e outras áreas do conhecimento, particularmente focalizando a logística. Argumenta que pesquisas desenvolvidas dentro da perspectiva multicultural poderiam ir além dos temas referentes a identidades

---

[3] Capítulo baseado no artigo: Canen, A & Canen, A. G. (2005), Rompendo Fronteiras Curriculares: o multi culturalismo na educação e outros campos de saber, *Currículo sem Fronteiras*, Porto Alegre-RS, Vol. 5, No.2, p. 40-49,

singulares silenciadas e a formas de garantir sua voz e representação em espaços sociais. Poderiam, dessa forma, incluir, em seu escopo, aspectos multiculturais envolvidos na construção das identidades institucionais, compreendidas no marco das tensões entre a pluralidade das identidades de seus atores e o projeto de construção de uma identidade que represente a missão específica da instituição. O multiculturalismo pode ser compreendido como um conjunto de teorias, políticas e práticas voltadas à valorização da diversidade cultural e ao desafio de preconceitos e estereótipos, conforme sugerido por autores tais como Banks (2004); Canen (2009); Canen & Canen (2005a, b; 2008a, b); e Warren & Canen (2013).

Sugerimos, no capítulo anterior, que a compreensão mais alargada da categoria identidade, no escopo do multiculturalismo, pode representar uma possível via para que este campo de estudos represente uma lente de análise de temas mais convencionais da educação, tais como a avaliação da aprendizagem e a avaliação institucional. Da mesma forma, nessa perspectiva, tal campo de estudos poderia também fertilizar (e ser fertilizado por) áreas ligadas ao âmbito das organizações. Isso porque as instituições educacionais podem ser compreendidas como espaços organizacionais que apresentam especificidades próprias, mas que compartilham, com outras organizações, de aspectos ligados aos choques e entrechoques identitários de seus atores e às tensões inerentes à construção de uma identidade institucional coletiva.

Nesse sentido, como área vital ligada ao estudo das organizações, a logística pode travar importantes interfaces com a educação, na medida em que focaliza aspectos gerenciais que, necessariamente, lidam com identidades multiculturais, tanto referentes a seus atores, como às instituições em que atua. De fato, segundo Canen & Canen (1999), articular a logística a uma perspectiva multicultural pode ajudar as organizações a se instrumentalizarem para operar, com sucesso, em ambientes cada vez mais marcados pela diversidade cultural. É importante observar que Scott & Canen (1995) consideram a logística como um processo de gerenciamento que garante um movimento contínuo e harmonioso de bens, serviços e pessoas nas organizações. Em um mundo globalizado, as organizações têm se expandido para além das fronteiras nacionais, tendo que enfrentar a pluralidade cultural não só em nível doméstico, mas também internacional, de modo a compreender as barreiras culturais e superá-las.

De modo a desenvolver a argumentação, o capítulo apresenta, em um primeiro momento, os sentidos de multiculturalismo, explicitando a categoria identidade como central a essa perspectiva. Em um segundo momento, levanta dados de pesquisas recentes na área, que ilustram as possibilidades de articulação do olhar multicultural a temas na educação e em áreas da organização, particularmente na logística. Em uma perspectiva de currículo sem fronteiras, ilustra potenciais da perspectiva multicultural, não só nas ciências humanas, mas também nas chamadas ciências duras, no escopo da formação universitária, descrevendo uma experiência de curso de logística em uma perspectiva multicultural. Indica possíveis caminhos de pesquisa a serem explorados no campo do multiculturalismo.

4.3. Multiculturalismo e Identidades: possíveis olhares

Multiculturalismo significa diferentes ideias para diferentes pessoas e instituições. Pesquisa sobre cursos de formação de professores que se declaravam multiculturais, observou que cada um compreendia o termo de modo diferente, desde a simples presença de membros do corpo docente pertencentes a raças e etnias plurais ou a mera realização de palestras esporádicas e *workshops* sobre o assunto, até a compreensão de que a perspectiva multicultural deveria ser uma dimensão voltada à valorização da diversidade cultural e desafio a preconceitos, a permear todo o projeto pedagógico e as práticas daquela instituição. Em uma perspectiva que se coaduna com essa última dimensão, temos argumentado que pensar em multiculturalismo é, acima de tudo, pensar sobre identidades plurais que perfazem as sociedades e em respostas que garantam a representação e a valorização dessas identidades nos espaços sociais e organizacionais. Ressalta-se que, em trabalhos anteriores, tais como desenvolvidos por Canen (2012 a, b, c); Canen & Moreira (2001) e Canen & Canen (2005a, b), bem como a partir de autores que têm trabalhado com a perspectiva multicultural, incluindo Hall (1997), Bhabha (1998) e McLaren (2000), temos apontado que as perspectivas multiculturais, grosso modo, podem ser delineadas desde visões mais liberais ou folclóricas, que tratam da valorização da pluralidade cultural a partir do conhecimento dos costumes e processos de significação cultural das identidades plurais, até visões mais críticas. Nestas últimas, o foco é, justamente, o questionamento a racismos, sexismos e preconceitos de forma geral, buscando perspectivas transformadoras nos espaços culturais, sociais e organizacionais.

Nessa última, a identidade é percebida como construção, realizada nos diversos espaços discursivos, que incluem a escola, a mídia, a família, o trabalho, a organização e outros, onde narrativas e discursos presentes, explícitos e implícitos, transmitem mensagens que contribuem para o constante ressignificar dessa identidade, seja ela em termos raciais, de gênero, de sexo, de religião, de linguagem e outros marcadores identitários, desafiando perspectivas essencializadoras desta identidade, tal como discutido por Canen (2009); Canen & Peters (2005) e Peters (2005). O diálogo de tal perspectiva com literatura referente à logística se faz presente em trabalhos que evidenciam a relevância da identidade cultural nesta abordagem. Cooper et al. (1995), por exemplo, falam sobre conflitos e barreiras culturais que ocorrem em processos de associação de organizações, onde identidades culturais plurais e valores díspares interferem nas práticas e percepções desenvolvidas no cotidiano dessas organizações, levando à necessidade, apontada pelo autor, de treinamento multicultural de gerentes e outros membros do staff.

O multiculturalismo não deveria, portanto, ficar limitado a uma disciplina específica. Canen (2007), Canen & Santos (2009) e Canen & Xavier (2012) desenvolveram cursos de formação continuada de professores em uma perspectiva multicultural crítica, pós-colonial, articulando disciplinas tais como planejamento educacional e avaliação a discussões que envolviam sensibilidades multiculturais, problematizando visões pseudo-universais sobre esses assuntos. Trazer tal abordagem para áreas das chamadas "ciências duras" evidencia os potenciais dessa visão para a educação superior, de forma geral. Essa perspectiva pode ajudar a construir pontes e perspectivas interdisciplinares com outras ciências, normalmente consideradas "duras", tal como discutido por Canen & Canen (2005 a, b), como nas áreas tecnológicas, por meio de programas que possam inserir as temáticas na abordagem multicultural.

Entretanto, ainda que o multiculturalismo seja reconhecido como relevante na formação educacional e gerencial, as visões multiculturais acima referidas têm apresentado tensões e questionamentos. Por exemplo, no que se refere à abordagem liberal ou folclórica, em que medida a melhoria das relações pessoais entre indivíduos, a partir de trabalhos que visam a "conhecer melhor" suas tradições, formas de ver o mundo e outras manifestações culturais, não estariam mascarando relações desiguais e preconceituosas que marcam a construção dessas identidades? Ao mesmo tempo, ao jogar luzes sobre racismos, sexismos e outros preconceitos, como nas abordagens mais críticas, em que medida o multiculturalismo crítico não recai em uma exaltação da diferença e no reforço a preconceitos?

Uma tentativa de dar conta desses questionamentos é feita ao se incorporar o conceito de hibridização identitária, sugerido por autores tais como McLaren (2000); Canen & Moreira, (2001); Canen & Xavier (2011) e Canen (2014), a partir do qual as identidades são percebidas como múltiplas, contingentes e sempre provisórias, resultantes de uma pluralidade de marcadores identitários que não podem ser reduzidos apenas a um marcador mestre, seja ele racial, de gênero, de religião ou outro. Nessa perspectiva, ao compreender que as identidades são constituídas na pluralidade, desafia-se o congelamento das mesmas, bem como as narrativas que constroem preconceitos e dicotomias entre negro e branco, homem e mulher e assim por diante. Tal perspectiva leva à compreensão das "diferenças dentro das diferenças" e ao desafio a discursos que constroem visões estáticas, dicotômicas e homogeneizadas das identidades, sejam elas percebidas como "opressoras" ou "oprimidas".

Argumentamos, no presente capítulo, que um refinamento do conceito de identidade e uma perspectiva que incorpore as tensões entre suas dimensões podem avançar na tradução do multiculturalismo nos espaços sociais e culturais. Nesse sentido, sugerimos três dimensões centrais pelas quais a identidade pode ser visualizada: individual, coletiva e institucional. A identidade individual é compreendida como aquela constituída da pluralidade de marcadores que perfazem a constituição dos sujeitos, eles próprios híbridos e plurais. Assim, por exemplo, ao se falar em uma identidade feminina, negra e pobre, está se considerando a pluralidade dos marcadores de gênero, raça e classe social, em interação na construção daquela identidade em questão, com todas as redes de significação a ela atribuídas. A identidade coletiva refere-se a algum marco da identidade percebido como central na construção de sua história de vida e das relações desiguais e preconceituosas que a atingem.

Nesse caso, em algum momento, por exemplo, a identidade pode se reconhecer em termos de seu marcador racial, quando da luta pelo desafio a racismos e requisição de medidas para garantir sua representação em espaços sociais e educacionais. Nesse sentido, argumentamos que trabalhar a tensão entre as dimensões individual e coletiva torna-se central, de modo a não se reduzir o multiculturalismo apenas à valorização da pluralidade identitária, como no multiculturalismo liberal ou, em outra perspectiva, apenas à luta contra o preconceito contra os oprimidos, como no multiculturalismo crítico. Trata-se de perceber a dialética eu-outro, identidade-diferença, opressor-oprimido, presentes a partir do reconhecimento da hibridização identitária. Por outro lado, denominamos identidade institucional ao conjunto de marcadores que caracterizam um ambiente institucional, no marco das tensões entre as identidades individuais plurais, as identidades coletivas e um projeto de instituição que se deve construir.

Dessa forma, conforme argumentamos no presente texto, o refinamento do conceito e do escopo da categoria identidade, considerada central no multiculturalismo, pode ampliar o olhar multicultural para áreas também elas plurais, dentro e fora do campo educacional, criando sinergias e aproximações que possam contribuir para uma maior compreensão das instituições e de seus atores, em uma perspectiva de valorização da pluralidade cultural e de desafio a preconceitos a ela relacionados. De fato, Kandola & Fullerton (1998) alertam que a gestão da diversidade nas organizações passa pelo reconhecimento das diferenças visíveis e não visíveis, sendo que a valorização das mesmas pode criar um ambiente produtivo onde potencialidades são desenvolvidas para o bem comum da organização. Canen & Canen (2002) argumentam que instituições podem ser organizações multiculturais, na medida em que envolvem indivíduos trabalhando a partir de diferentes perspectivas multiculturais e que articulam suas atividades a esta pluralidade. Fica claro que uma organização multicultural deve incentivar e valorizar as diferenças culturais. Nesse sentido, propomos que o olhar multicultural avança na compreensão de temas que atravessam os campos citados, na medida em que visualiza a instituição como construção a partir desses três níveis identitários que, se não forem contemplados, podem levar a compreensões parcializadas das relações que se estabelecem em espaços sociais e educativos.

4.4. Multiculturalismo e Identidades Institucionais: novos e possíveis caminhos no ensino e na pesquisa

Como discutido anteriormente, a pesquisa sobre multiculturalismo tende a enfocar a pluralidade cultural em termos da diversidade de identidades culturais, individuais ou coletivas, advogando o direito à voz e à representação das mesmas nos diversos espaços sociais, educacionais e culturais. Tais estudos têm colaborado para se pensar sobre o múltiplo, o plural e o diverso, bem como para se questionar a construção discursiva das diferenças e dos preconceitos, de modo a se pensar em práticas e discursos transformadores, valorizadores da pluralidade cultural. Entretanto, conforme argumentamos, a incorporação da identidade institucional no campo do multiculturalismo pode abrir novas perspectivas na compreensão das culturas e ambientes que contribuem na construção das próprias identidades individuais e coletivas, iluminando novas áreas para a pesquisa no multiculturalismo.

Sugerimos que a relevância da compreensão desta dimensão é tripla: de um lado, tal dimensão tem profundos impactos sobre a extensão em que o multiculturalismo penetra (ou não) nos espaços educacionais e organizacionais, exercendo pressões sobre as identidades individuais e coletivas nessas direções; em uma segunda perspectiva, ela é objeto de atenção do multiculturalismo, na medida em que revela a cultura organizacional, seus marcadores centrais e singulares, que a distingue de outras; em uma terceira, o olhar multicultural sobre a identidade institucional permite que o multiculturalismo avance em seu escopo e possibilidade de pesquisa, na medida em que, para além dos temas que têm sido seu principal objeto, passa a representar possibilidades de um outro olhar sobre temas mais convencionais, como a avaliação, particularmente a avaliação institucional, bem como com estudos que lidam com organizações multiculturais e os desafios envolvidos em sua administração – campo abraçado pela logística.

De fato, embora sem explicitamente emergir como foco central de preocupações de estudos multiculturalmente orientados, a dimensão da identidade institucional tem se imposto nas considerações sobre dados de pesquisas realizadas nesse campo. Estudos desenvolvidos por Canen & Santos (2009) e Canen & Xavier (2011, 2012), por exemplo, evidenciaram que, para além dos potenciais ou limitações para o trabalho em sala de aula com a perspectiva multicultural, a identidade institucional tinha impacto decisivo sobre o florescer ou o silenciar dessa perspectiva. De um modo geral pode-se dizer que, por intermédio do confronto entre projetos político-pedagógicos das instituições, objeto de pesquisas e dos discursos, signos e narrativas das identidades singulares e coletivas de seus atores, uma rede plural de significados culturais, operando em contextos marcados por relações desiguais de poder e por culturas conflitantes, representavam identidades institucionais que penetravam no cotidiano escolar, moldando e ressignificando práticas, discursos e identidades aí presentes, em sentidos diametralmente opostos a uma perspectiva de valorização da diversidade cultural e de desafio a preconceitos, aparentemente abraçada nos projetos e nas intenções daquelas instituições.

De modo a compreender essas tensões, o diálogo com pesquisas multiculturalmente orientadas, que incidem sobre as organizações, parece oferecer perspectivas relevantes na análise da identidade institucional multicultural. Canen & Canen (2002), por exemplo, demonstraram, a partir de um estudo de caso em uma organização multicultural, os referenciais culturais plurais a partir dos quais o papel da organização era percebido por três de seus diretores, um brasileiro, outro americano e o terceiro inglês. No entanto, os três enfatizaram que, apesar de operarem com valores culturais plurais e, muitas vezes, conflitantes, os desafios resultantes desta diversidade deveriam ser enfrentados de forma sensível e competente. Todos apontaram que as diferenças culturais das organizações envolvidas na fusão que resultou na formação daquela organização em pauta, deveriam ser levadas em consideração, de modo a construir uma identidade cultural para a mesma. Nesse sentido, também salientaram a necessidade de uma educação gerencial que desenvolva a compreensão cultural, conforme dados levantados por este e outros estudos na área de logística e multiculturalismo, tais como Canen & Canen (1999, 2001, 2002, 2008 a, b, 2010).

4.5. Caminhos do Currículo na Universidade para a Educação Multicultural: uma ilustração

Parcerias entre universidades e organizações foram propostas por Canen (1998) de modo a ir além do treinamento para a multiculturalidade, partindo-se para uma perspectiva de educação multicultural. Nesse sentido, a perspectiva multicultural deveria estar presente no currículo desenvolvido nas universidades, considerando-se a categoria identidade como central às propostas, nos diversos campos. A dimensão da identidade institucional, articulada às dimensões identitárias individuais e coletivas, no âmbito das instituições educacionais, apresenta relevância, particularmente, na análise multicultural de temas como a avaliação institucional.

Em outros trabalhos, desenvolvidos por Aguiar & Canen (2007); Canen (2004, 2005, 2012) e Canen & Santos (2009), analisamos criticamente os sentidos da avaliação que incidem sobre as instituições de ensino superior, a partir da compreensão, em um olhar multicultural, da tensão entre critérios homogêneos de qualidade e a diversidade das identidades institucionais avaliadas. Longe de representarem prejuízos, tais tensões entre identidades singulares, coletivas e institucionais são, conforme argumentamos, o cerne do multiculturalismo, devendo ser trabalhadas em seus aspectos híbridos e plurais. Nesse ponto de vista, o multiculturalismo pode impactar pesquisas que partam do reconhecimento que a valorização da diversidade cultural e o desafio a preconceitos a ela relacionados não podem ser objetivos limitados à identidade entendida apenas em seus aspectos individuais, mas que podem e devem ser ampliados como objetivos a serem perseguidos no âmbito das identidades institucionais.

A partir das considerações acima, em uma perspectiva de currículo sem fronteiras, o multiculturalismo não deveria ser restrito aos currículos das ciências humanas e sociais, mas também impregnar aqueles desenvolvidos em áreas tidas como das ciências duras, envolvendo aquelas tecnológicas e outras afins.

Como ilustração, Canen & Canen (2001) desenvolveram a perspectiva multicultural dentro do currículo de um curso de logística, oferecido em uma instituição de ensino superior. Os participantes eram mestrandos e doutorandos, a maioria graduados em Engenharia. As discussões enfatizaram os aspectos organizacionais ligados a dimensões culturais, ressaltando estratégias multiculturais a serem desenvolvidas nas organizações contemporâneas de modo a torná-las receptivas e valorizadoras da pluralidade cultural, bem como visando a minimizar conflitos e descaminhos organizacionais resultantes da falta de preparo de gerentes nessa perspectiva. Para a maioria dos participantes, antes do início do curso, multiculturalismo referia-se apenas à constatação da diversidade cultural: não conseguiam visualizar o multiculturalismo como um conjunto de respostas à pluralidade cultural nas instituições. Entretanto, ao final, os participantes olhavam para suas experiências anteriores nas organizações e apontavam para aspectos que poderiam ter sido melhorados, a partir do multiculturalismo. Dentre as estratégias apontadas por eles, em seus depoimentos, algumas se destacam: "A primeira estratégia deveria ser a de identificar culturas individuais e, em seguida, identificar a cultura da organização. Somente então, por meio de uma boa rede de comunicações, poderia haver um esforço para se permitir um intercâmbio de experiências e a criação de uma organização verdadeiramente multicultural". "Para se desenvolver o multiculturalismo nas organizações, nos Estados e nações, o principal é investir na educação das pessoas. No começo, seria uma questão de conversas e debates. Em seguida, o indivíduo já seria exposto a programas que deveriam estar presentes desde a educação básica".

Os depoimentos e resultados do curso indicaram alguns aspectos relevantes, Em primeiro lugar, mostraram que currículos multiculturais deveriam incorporar perspectivas rompedoras de fronteiras e não serem restritos apenas aos currículos das ciências humanas e sociais. O trabalho com a perspectiva multicultural e com a categoria identidade extravasa tais limites e se impõe em áreas como a logística e outras, tidas como tecnológicas, flexibilizando currículos meramente conteudistas e revelando a pluralidade identitária presente em seus objetos de estudo, para a qual o multiculturalismo, como ferramenta de análise, pode apresentar contribuição relevante.

Ao mesmo tempo, tal olhar multicultural representa uma inovação curricular, não só na educação em seu sentido mais ligado ao ensino e à formação de professores, como também na educação gerencial. Segundo Canen & Canen (2002), a logística em uma perspectiva multicultural pode ajudar a compreender a diversidade cultural e seus impactos na organização, tornando a formação de gerentes em um processo em que a sensibilidade à pluralidade cultural é desenvolvida. Aqui, também é necessário ter em mente as dimensões articuladas das identidades individual, coletiva e institucional das organizações, bem como as abordagens diferenciadas do multiculturalismo. No caso das organizações, Canen & Canen (2002, 2005 a, b; 2008a, b, 2010) ressaltam o valor de estratégias e workshops que enfatizem a necessidade de representação das identidades plurais no ambiente organizacional, bem como que incentivem o desafio a discriminações. Apresentar tais perspectivas no âmago do currículo, em áreas diversas da formação universitária, consolida o olhar multicultural sem fronteiras, central para a inserção de profissionais nos mais diversos campos do saber em um mundo globalizado e multicultural.

4.6. Considerações Finais sobre o Capítulo

O presente capítulo discutiu possíveis formas pelas quais o multiculturalismo, cujo cerne de preocupações é com a valorização da diversidade cultural e desafio a preconceitos, pode representar um olhar sobre identidades plurais, entendidas não só em termos individuais ou coletivos, mas também institucionais. O argumento central é o de que tal olhar multicultural deveria impregnar currículos para além das fronteiras das ciências humanas e sociais, inserindo-se como ferramenta de análise em áreas ditas mais tecnológicas. Isso porque tais áreas também necessitam da sensibilidade multicultural para formar profissionais que estejam cônscios do impacto da diversidade cultural para o desenvolvimento saudável das organizações e de suas identidades institucionais.

Nessa perspectiva, apontou-se para férteis sinergias possíveis entre a educação e outros campos do saber, como a logística nas organizações, em uma visão multicultural. Assim, ainda que tenha, como horizonte, a construção de um projeto que reflita uma identidade institucional singular, trata-se de não silenciar as vozes que emanam da diversidade cultural das identidades individuais e coletivas aí presentes.

Olhar para esse equilíbrio como um processo dinâmico, local, contingente, em permanente mutação e em processo contínuo de hibridização, pode jogar novas luzes sobre áreas não só da educação, mas de outras, presentes na formação universitária. Acima de tudo, pode ajudar a detectar fatores que prejudiquem projetos de valorização da pluralidade cultural no interior das instituições, propondo alternativas que restabeleçam o equilíbrio entre diversidade de identidades individuais, coletivas e institucionais. Trata-se, nesse sentido, de fomentar o desafio a preconceitos e proceder à valorização do múltiplo e do plural também com relação a instituições e organizações, no âmbito de nossos currículos no ensino superior. Dessa forma, construir valores antidiscriminatórios com relação ao "outro" deve, também, na perspectiva do multiculturalismo que abraçamos, imbuir os discursos e práticas referentes a instituições e organizações, elas próprias plurais, complexas e singulares, formadas na diversidade cultural de seus atores e propósitos.

As instituições de ensino superior poderiam se beneficiar da "quebra de gelo" entre as ciências sociais humanas e aquelas consideradas ciências duras, uma vez que tal fato poderia fornecer uma melhor compreensão da complexa natureza da construção do conhecimento, aprimorando abordagens interdisciplinares e, também, contribuindo para preparar profissionais de ambas as áreas em perspectivas humanas de inclusão social. O estudo de caso discutido pode contribuir nesta perspectiva de incrementar o diálogo entre estas ciências, rompendo barreiras curriculares por intermédio do olhar multicultural.

Amplia-se, dessa forma, o âmbito das pesquisas multiculturais, sugerindo-se outros olhares e quadros referenciais e interpretativos, no horizonte da construção de uma educação de qualidade, crítica e fomentadora de gerações nos valores da cidadania e da valorização da diversidade cultural, rompendo as fronteiras curriculares.

Capítulo 5

Conclusões: algumas palavras finais dos autores

O presente livro buscou apresentar considerações sobre a pesquisa acadêmica. Enfatizou sua evolução para o cenário atual de pluralidade paradigmática e metodológica. A partir de uma perspectiva multicultural, mostrou a necessidade de rompimento de fronteiras entre ciências humanas e ciências duras, entre metodologias qualitativas e quantitativas, no sentido de desafiar binômios e preconceitos contra quaisquer olhares sobre a pesquisa. Ao mesmo tempo, discorreu sobre critérios de rigor, tanto comuns como pluralizados, de maneira que possamos produzir pesquisas que, ainda que reconheçam as subjetividades plurais, sejam confiáveis e de qualidade.

É importante acrescentar que princípios referentes à ética e integridade na pesquisa devem ser enfatizados, neste ponto. De acordo com o Singapore Statement on Research Integrity (2014) e com o II Brazilian Meeting on Research Integrity, Science and Publication Ethics (Brasil, II BRISPE, 2012), o valor e os benefícios da pesquisa, em qualquer área, dependem dessa integridade, ou seja, dos princípios e responsabilidade profissional dos pesquisadores. Na medida em que, conforme o documento da IIBRISPE (Brasil, 2012), o Brasil tem se tornado uma potência científica de pesquisa, sua comunidade tem estabelecido que, além do rigor das pesquisas, estas devem estar atreladas a altos padrões de integridade científica. Nesse sentido, defendem princípios tais como: honestidade em todos os aspectos da pesquisa; responsabilidade pela condução da mesma; cortesia e respeito com relação a todos os autores citados e aos sujeitos da pesquisa; verificação de conflitos de interesse, que afetam a qualidade e solidez da pesquisa e que devem ser revelados, de modo a não distorcer os registros ou enganar a comunidade científica; e relevância da pesquisa para o próximo. Dentre as responsabilidades, os referidos documentos apontam, dentre outros, aspectos como a necessidade de que o pesquisador deva fornecer detalhes sobre metodologia e resultados, de modo a permitir a replicação dos mesmos, bem como deve considerar os benefícios da pesquisa para a sociedade.

Finalmente, existe a importância da denominada autoria própria, no sentido de que o pesquisador deve indicar sempre os nomes de autores de quem retirou trechos do estudo, sendo proibidos o plágio e o autoplágio. A este respeito, é interessante notar, conforme aponta o autor Watanabe (2014), "que a inclusão de conceitos e ideias de terceiros em uma obra deve ser sempre feita com a devida citação". O referido autor se refere ao direito de autor ou direito autoral moral de autor como aquele relativo ao direito da pessoa que produziu uma obra ser reconhecida como a autora dessa obra.

A partir do exposto, esperamos que o presente livro possa contribuir para as discussões sobre a pesquisa acadêmica, fornecendo elementos teóricos e práticos para que se pense em estudos que, cada vez mais, sejam rigorosos, éticos, mas que, ao mesmo tempo, respeitem a pluralidade de paradigmas e metodologias, assim como a diversidade de áreas acadêmicas. Na contemporaneidade, os problemas a serem pesquisados são de natureza cada vez mais complexa, o que demanda esforços de sínteses entre campos e áreas tanto humanas como das ciências duras, rompendo barreiras curriculares e preconceitos com relação às mesmas.

A perspectiva multicultural que abraçamos considera, portanto, a diversidade como riqueza e aponta que a pesquisa pode contribuir para que se desafiem o pensamento único e os estereótipos, rumo ao desenvolvimento de pesquisadores críticos, autônomos, éticos e valorizadores dessa diversidade.

Os autores agradecem comentários e sugestões, que podem ser enviados para os e-mails abaixo, uma vez que consideram toda a obra em construção.

Ana Ivenicki: acanen@globo.com

Alberto G. Canen: agcanen@pep.ufrj.br

Referências

- Aguiar, N. M. C. B.; Canen, A (2007), Impactos de políticas de avaliação institucional: um estudo de caso no sistema de ensino naval brasileiro. *Ensaio:* avaliação e políticas públicas em educação, Rio de Janeiro, Vol. 15, No. 54, p. 53-66.

- Andrade, M. (2011), Sobre pluralismo, verdade e tolerância: diálogos epistemológicos e éticos para uma educação intercultural, *Educação e Sociedade*, Vol. 32, No.117, p. 1087 – 1103.

- Alves, R. (2008), *Conversas com quem Gosta de Ensinar*. São Paulo: Ed. Papirus, 10ª edição.

- Alves, N. & Oliveira, I. B. de (2002), Uma História da Contribuição dos Estudos do Cotidiano Escolar no Campo do Currículo. In: Lopes, A.C. & Macedo, E. (orgs.), *Currículo: debates contemporâneos*. São Paulo: Cortez Editora, p. 78 – 102.

- Alves-Mazzo1ti, A. & Gewandsznajder, F. O (1998), *O Método nas Ciências Naturais e Sociais: pesquisa quantitativa e qualitativa*. São Paulo: Pioneira.

- André, M. (Org.) (2001), *O papel da pesquisa na formação e na prática dos professores*. São Paulo: Papirus.

- Ball, A, F. (2012), To Know is not enough: knowledge, power and the zone of generativity. *Educational Researcher*, Vol. 41, No.8, p. 283-293.

- Banks, J. A. (2004), Introduction: Democratic Citizenship Education in Multicultural Societies. In: J. A. Banks (Ed.) *Diversity and Citizenship Education*. San Francisco: John Willey & Sons, Inc., p. 3-15.

- Batista, A. C. , Silva Junior, P. M. & Canen, A. (2013), Em Busca de um Diálogo entre Plano Nacional de Educação (PNE), Formação de Professores e Multi /Interculturalismo. *Ensaio* (Fundação Cesgranrio. Impresso), Vol. 21, p. 253-267.

- Bhabha, H. (1998), *O Local da Cultura*. Belo Horizonte: Ed. UFMG.
- Binzer, I. V. (1994), *Os meus romanos*: alegrias e tristezas de uma educadora alemã no Brasil. 6. ed. rev. Rio de Janeiro: Paz e Terra.
- Brazil, II BRISPE (2012), Second Brazilian Meeting on Research Integrity, Science and Publication Ethics. Rio de Janeiro, São Paulo, Porto Alegre, May 28- June 1, 2012.
- Candau, V. M. F. (2012), Sociedade Multicultural e Educação: tensões e desafios. In: *Didática Crítica Intercultural:* aproximações. Petrópolis: Ed. Vozes, p.19-54.
- Candau, V. M. F. & Moreira, A. F. B. (0rgs) (2008), *Multiculturalismo: Diferenças Culturais e Práticas Pedagógicas*. Petrópolis: Ed. Vozes.
- Canen, A. (2003), Metodologia da Pesquisa: abordagem qualitativa, *Coleção Veredas*, módulo 4, Vol.1, p.215 – 240. Belo Horizonte: Secretaria de Estado da Educação de Minas Gerais.
- Canen, A (2004), Institutional Evaluation, Knowledge and Multiculturalism: some ways ahead in Brazilian Higher Education. *Current Issues in Comparative Education,* Teachers College, Columbia University, Vol.6, No.1.
- Canen, A. (2005a), Multicultural Challenges in Educational Policies within a Non- Conservative Scenario: the case of the emerging reforms in higher education in Brazil. *Policy Futures in Education,* Vol. 3, No.4, p. 327-339.
- Canen, A. (2005b), Avaliando a avaliação a partir de uma perspectiva multicultural. *Educação Brasileira*: revista do CRUB, Brasília, Vol. 27, No. 54, p. 95-114.
- Canen, A. (2007), Multiculturalism and a Research Perspective in Initial Teacher Education: possible dialogues, *Policy Futures in Education*, Vol. 5, p. 519-534.

- Canen, A. (2008), A Pesquisa Multicultural como Eixo na Formação Docente: potenciais para a discussão da diversidade e das diferenças, *Ensaio*, Vol. 16, No. 59, p. 297-308.

- Canen, A. (2009), *Teacher Education and Competence in an Intercultural Perspective.* Köln, Germany: Lambert Academic Publishing AG & Co. Kg.

- Canen, A. (2011), Boosting Immigrant Student Identities in Brazilian Schools: towards a multicultural framework for teacher education. In: S. Vandeyar, (Ed.) *Hyphenated Selves: immigrant identities within education contexts.* Amsterdam: Rozenberg Publishers, p. 149 -164.

- Canen, A. (2012a), Currículo e Multiculturalismo: reflexões a partir de pesquisas realizadas. In: Santos, L.L. de C.P. & Favacho, A.M.P. (orgs.), *Políticas e Práticas Curriculares: desafios contemporâneos.* Curitiba: Ed. CRV, p.237-250.

- Canen, A. (2012b), Lifelong Learning and the Role of the University in Brazil: some reflections. In: Slowey, M & Schuetze, H. (Orgs.). *Global Perspectives on Higher Education and Lifelong Learners.* 1ed.New York: Routledge, p. 266-278.

- Canen, A. (2012c), Assessment of Schools in Brazil: some reflections, *SAeDUC* Journal, Vol.. 9, p. 1.

- Canen, A. (2014), Currículo para o Desafio à Xenofobia: algumas reflexões multiculturais na educação. In: Rangel, M. (Ed.), *Conhecimento & Diversidade*, Vol. 11, p. 89-98, 2014.

- Canen, A. & Canen, A. G. (2005 a), Rompendo Fronteiras Curriculares: o multiculturalismo na educação e outros campos do saber, *Currículo sem Fronteiras,* Vol. 5, No. 2, p. 40 – 49.

- Canen, A. & Canen, A. G. (2010), Breaking up Curricular Borders in Higher Education: opportunities of a multicultural perspective for social inclusion. In: Nikolay Popov; Charl Wolhuter; Bruno Leutwyler; Marinela Nihova;

James Ogunleye. (Org.). *Comparative Education, Teacher Training, Education Policy, School Leadership and Social Inclusion.* 1ed.Sofia: Bureau for Educational Services, p. 411-415.

- Canen, A. & Andrade, L. T. (2005), Construções discursivas sobre pesquisa em educação: o que dizem professores formadores universitários, *Educação e Realidade*, Porto Alegre, Vol. 30, No. 1, p. 49-65.
- Canen, A. & Moreira, A.F.B. (2001), *Ênfases e omissões no currículo*. São Paulo: Papirus.
- Canen, A. & Peters, M. (2005), Editorial: Issues and Dilemmas of Multicultural Education: theories, policies, and practices. *Policy Futures in Education,* Vol. 3, No.4, p. 309-313.
- Canen, A. & Santos, A.R. dos (2009), *Educação Multicultural: teoria e prática para professores e gestores em Educação.* Rio de Janeiro: Ed. Ciência Moderna.
- Canen, A. & Xavier, L.N.(2000), Multiculturalismo, memória e história da educação brasileira: reflexões a partir do olhar de uma educadora alemã no Brasil Imperial. In: Mignot, A. C. V., Bastos, M. H. C. & Cunha, M.T.S. (Org.). *Refúgios do Eu.* Florianópolis: Ed. Mulheres.
- Canen, A. & Xavier, G. P. M.(2005), Multiculturalismo, pesquisa e formação de professores: o caso das diretrizes curriculares para a formação docente. *Ensaio*: avaliação e políticas públicas em educação, Rio de Janeiro, Vol. 13, No. 48, p. 333-344.
- Canen, A. & Xavier, G. P. M. (2011), Formação Continuada de Professores para a Diversidade Cultural: ênfases, silêncios e perspectivas, *Revista Brasileira de Educação,* Vol.16, p. 641-662.
- Canen, A. & Xavier, G.P.M. (2012), Gestão do Currículo para a Diversidade Cultural: discursos circulantes em um curso de formação continuada de professores e gestores, *Currículo sem Fronteiras,* Vol. 12, p. 306-325.

- Canen, A.G. (1998), University and Organizations: a partnership for the learning of logistics, Operational Research Group of Scotland Meeting, Glasgow Caledonian University.

- Canen, A.G. & Canen, A. (1999), Logistics and Cultural Diversity: hand in hand for organizational success, Cross Cultural Management, Vol.6, No.1, p. 3–10.

- Canen, A.G. & Canen, A (2001), Looking at Multiculturalism in International Logistics: an experiment in a higher education institution, *The International Journal of Educational Management*, Vol.15, No.3, p. 145-152.

- Canen, A.G. & Canen, A. (2002), Innovation Management Education for Multicultural Organizations: challenges and a role for logistics, *European Journal of Innovation Management*, Vol. 5, No.2, p. 73-85.

- Canen, A.G. & Canen, A. (2005b), *Organizações Multiculturais.* Rio de Janeiro: Ed. Ciência Moderna.

- Canen, A. G. & Canen, A. (2008a), Cultural Auditing: some ways ahead for multicultural s and logistics management, *Book of Proceedings International Conference on Industrial Logistics,* Tel-Aviv, Israel, p. 101 – 109.

- Canen, A.G. & Canen, A. (2008b), Multicultural Leadership: the costs of its absence in organizational conflict management, *International Journal of Conflict Management*, Vol. 19, No.1, pp. 4-19.

- Canen, A. G. & Canen, A. (2012), Challenging Envy in Organizations: multicultural approaches and possibilities, *Business Strategy Series,* Vol. 13, No. 5, p. 199-207.

- Charlot, B. A (2006), Pesquisa educacional entre conhecimentos, políticas e práticas: especificidades e desafios de uma área do saber. *Revista Brasileira de Educação*, Rio de Janeiro, Vol. 11, No. 31, p. 7-18.

- Cooper, J.& Browne, M & Peters, M. (1995), *European Logistics.* London: Blackwell Publishers.
- Costa, M. A. F. da & Costa, M. de F. B. da (2012), *Projeto de Pesquisa: entenda e faça.* Petrópolis: Ed. Vozes.
- Dauster, T., Garcia, P. & Ferreira, L. (2010), Literatura e Identidade: tecendo narrativas em rodas de leitura. In: Tania Dauster; Lucelena Ferreira. (Orgs.). *Por que ler?: perspectivas culturais do ensino da leitura.* 1ªed. Rio de Janeiro: Lamparina, p. 67-87.
- Demo, P.(1996), *Pesquisa: princípio científico e educativo.* São Paulo: Cortez Ed.
- Denzin, N. & Lincoln, Y. (2006), *O Planejamento das Pesquisas Qualitativas: teorias e abordagens.* Porto Alegre: ArtMed.
- Fávero, M. L. A., Segenreich, S. C. D. (2004) Universidade, ciência e tecnologia (1985-2000): algumas questões. In: Macedo, D.; Fávero, M. L. A. (Org.). *Universidade:* políticas, avaliação e trabalho docente. São Paulo: Cortez.
- Freire, P. (1987), *Pedagogia do Oprimido.* Rio de Janeiro: Ed. Paz e Terra, 17ª Ed.
- Fonseca, M. V. (2007), A arte de construir o invisível: o negro na historiografia educacional brasileira. *Revista Brasileira de História da Educação*, Curitiba, No. 13, p. 11-50.
- Fontoura, H., Monteiro, F. M. de A. & Canen, A. (2014), Ressignificando Práticas de Ensino e de Formação Docente: contribuições de narrativas, diálogos e conferências, *Revista de Educação Pública* (UFMT), Vol. 23, p. 637-654.
- Gil, A. C. (1995), *Métodos e Técnicas de Pesquisa Social* São Paulo: Atlas.

- Goldemberg, M. A. (1998), *Arte de Pesquisar*: como fazer pesquisa qualitativa em Ciências Sociais. São Paulo: Record.

- Hall, S. (1997), *Identidades Culturais na Pós-modernidade*. Rio de Janeiro: DP&A Editora.

- Hall, S. (2003), *Da Diáspora: identidades e mediações culturais*. Belo Horizonte: Ed. UFMG.

- Hallinger, P. (2013), A Conceptual Framework for Systematic Reviews of Research in Educational Leadership and Management, *Journal of Educational Administration*, Vol. 51, No. 2, p. 126 – 149.

- Kandola, R. & Fullerton, J. (1998), *Diversity in Action*, London: Institute of Personnel and Development.

- Lemgruber, M. S., Oliveira, R. J. De (2011), Argumentação e Educação: da Ágora às nuvens. In: Lemgruber, M. S.; Oliveira, R. J. de. (orgs.). *Teoria da Argumentação e Educação*. Juiz de Fora: Editora UFJF, p. 23-56.

- Leonardo, Z. (2005), Through the Multicultural Glass: Althusser, ideology and race relations in post-civil rights America, *Policy Futures in Education*, Vol. 3, No.4, p. 400 – 412.

- Lincoln, Y. L. & Guba, E. G. (2006), Controvérsias Paradigmáticas, contradições e confluências emergentes. In: Denzin, N. & Lincoln, Y. (orgs.), *O Planejamento da Pesquisa Qualitativa: teorias e abordagens*. Porto Alegre: ArtMEd, p. 169 – 192.

- Lopes, S. M. C. N. (2008), Imagens de um lugar de memória da Educação Nova: Instituto de Educação do Rio de Janeiro nos anos 1930, *Revista Brasileira de Educação*, Vol. 13, p. 84-97.

- Lüdke, M. (Org.) (2001), *O professor e a pesquisa*. São Paulo: Papirus.

- Lüdke, M. & Boing, L. (2012), Do Trabalho à Formação de Professores, *Cadernos de Pesquisa*, Vol. 42, No. 146, mai/ago, p. 428 – 451.

- Lüdorf, S. M. A. (2004), *Metodologia da Pesquisa: do projeto à monografia.* Rio de Janeiro: Shape Ed.

- Macedo, L. C., Larocca, L. M, Chaves, M. M. N. & Mazza, V. de A. (2008), Análise doDiscurso: uma reflexão para pesquisar em saúde, *Espaço Aberto, Interface ComunicaçãoSaúde Educação,* Vol.12, No.26, p.649-657.

- McLaren, P. (2000), *Multiculturalismo Revolucionário.* Porto Alegre: ARt-Med.

- Oliveira, I. (2010), Educação para as Relações Étnico-Raciais: composição curricular e dinâmica de um curso de formação continuada para docentes da escola básica, *Cadernos PENESB*, Vol. 1, p. 8-21.

- Peters, M. (2005), Education, Post-structuralism and the Politics of Difference, *Policy Futures in Education,* Vol. 3, No. 4, p. 436 – 445.

- Ringer, A.; Volkov, M. & Bridson, K. (2014), C.ULT.U.R.E.: Marketing education in the age of cultural diversity, *Education + Training*, Vol. 56, No. 6, p. 503 – 520.

- Rosenfield, D. (2014), Fora da Margem de Erro, *O Globo*, 20 de outubro de 2014, p. 14.

- Santiago, M. & Canen, A. (2013), Les Approches Interculturelles dans l'Éducation au Brésil, *Revue Internationale d'Éducation Sèvres*, Vol. 63, p. 43-54.

- Santos, M. P. (2013), *Dialogando sobre Inclusão em Educação; contando casos (e descasos).* Curitiba: CRV.

- Scott, L.G. & Canen, A.G. (1995), Cutting Edge of Timber Logistics in Scotland, Proceedings of the 2nd International Symposium of Logistics (ed.

KS Pawar), The University of Nottingham, p. 249-257.

- Singapore Statement (2014), http:// www. singaporestatement.org/statement.html

- Soni, G. & Kodali, R. (2012), A Critical Review of Empirical Research Methodology in Supply Chain Management, *Journal of Manufacturing Technology Management*, Vol. 23, No. 6, p. 753 - 779.

- Tammela, I.; Canen, A. G. & Helo, P. (2013), Time-based competition: relation to multiculturalism and logistics in international furniture companies, *Benchmarking: an international journal*, Vol. 20, No. 5, p. 588 – 606.

- Thiollent, M. (2011), *Metodologia da Pesquisa-Ação*. São Paulo: Ed. Cortez, 18ª edição.

- Thiollent, M. & Colette, M. M. (2014), Pesquisa-ação, formação de professores e diversidade, Acta Scientiarum. *Human and Social Sciences,* Maringá, Vol. 36, No. 2, p. 207-216.

- Triviños, A. N. S.(1995), *Introdução à Pesquisa em Ciências Sociais: a pesquisa qualitativa em educação*. São Paulo: Atlas

- Watanabe, E. H. (2014), A Não Linearidade entre a Reação de Quem Copia e de Quem é Copiado, *Estudos avançados*, Vol. 28, No. 80, p. 199 - 212.

- Warren, J.; Canen, A. (2012), Racial Diversity and Education in Brazil. In: Banks, J. (Org.), *Encyclopedia of Diversity in Education*. 1ed.New York: Sage Publications, Vol. 1, p. 262-264.

- Yin, R. K. (2008), *Case Study Research: design and methods.* London: Sage Ed., 4th Edition.

Apêndice

Traduzindo a Perspectiva da Pesquisa para a Prática da Pesquisa: Roteiros e Exercícios para a Análise e a Elaboração de Projetos, Relatórios e Artigos Científicos

Introdução

Neste apêndice, buscamos desenvolver exercícios e trabalhos práticos que possam auxiliar a análise e a elaboração de projetos e relatórios de pesquisa, estes últimos na forma de monografias, dissertações, teses ou artigos científicos, a partir da perspectiva que imbui o presente livro. Tal perspectiva valoriza a diversidade cultural, rompe barreiras curriculares, mas, ao mesmo tempo, reforça a necessidade de critérios de rigor para a pesquisa, em todas as áreas.

Nesse olhar multicultural que defendemos, tais critérios apresentam-se em duas dimensões: comuns (que devem estar presentes em todas as pesquisas) e pluralizados (que são aqueles critérios de rigor que variam em função do paradigma e da metodologia abraçados pelo pesquisador). Tais dimensões foram analisadas nos capítulos anteriores e serão condensadas, na forma de roteiros e exercícios, no presente apêndice, de modo a facilitar a elaboração de pareceres sobre artigos, monografias, dissertações e teses, bem como mobilizar a própria formulação de projetos e relatórios de pesquisa, a partir de critérios de qualidade.

Inicialmente, apresentamos roteiros e sugestões para guiar a leitura e a elaboração de pareceres sobre pesquisas realizadas, assim como para a formulação de projetos e relatórios de pesquisa, com critérios de rigor nas duas dimensões acima citadas: comuns e pluralizadas, respeitando sempre a diversidade cultural. Em seguida, elaboramos atividades para analisar a evolução da pesquisa científica e o papel do pesquisador como sujeito multicultural, reforçando a identificação de critérios de rigor em textos multiculturais e que desafiam fronteiras curriculares. Para melhor compreensão do presente capítulo e de suas atividades, recomendamos a leitura dos capítulos anteriores, que discutem a fundamentação do que está sendo aqui apresentado.

Traduzindo os critérios de rigor em roteiros para a elaboração de pareceres, de projetos e de relatórios

É importante notar, neste ponto, as diferenças entre projetos e relatórios de pesquisa. Concordando com Costa & Costa (2012) e Lüdorf (2004), projetos são conjuntos de intenções a serem submetidas à avaliação, de modo que sejam desenvolvidos, futuramente, em pesquisas. Neste sentido, projetos de pesquisa ainda não possuem análise de dados, resultados ou conclusões, pois ainda não efetuaram as intenções propostas. Os principais itens de um projeto de pesquisa, grosso modo, são: introdução, problema, questões e objetivos do estudo, justificativa/relevância, paradigma e referencial teórico inicial e metodologia inicial.

No caso de relatórios (monografias de final de graduação, dissertações de mestrado e teses de doutorado, além de documentos de encerramento de pesquisas em geral), tratam-se de documentos que mostram os processos e resultados de pesquisas completamente realizadas e desenvolvidas. Neste caso, incluem análise de dados, resultados e conclusões. Costumamos dizer que um projeto bem feito é a base do primeiro capítulo de um relatório. Os outros capítulos dos relatórios podem se constituir em: segundo capítulo, com o aprofundamento do paradigma e do referencial teórico e metodológico; terceiro capítulo, com análise de dados; outros capítulos com a continuação dessa análise de dados, caso seja necessário; um último capítulo, com conclusões e recomendações. Além destes capítulos, considerados textuais, há partes pré-textuais (agradecimentos, prefácio, resumo e suas traduções para outras línguas, listagem de tabelas, sumário) e pós-textuais (listagem de referências bibliográficas e outras, em ordem alfabética de sobrenomes dos autores; apêndices – que são documentos produzidos pelo autor da pesquisa, tais como roteiros de questionários e de entrevistas, por exemplo; e anexos – que são documentos outros, que o autor da pesquisa considere importantes, tais como redações de alunos, projetos pedagógicos de instituições analisadas etc).

No caso de artigos, as partes textuais acima também se aplicam, porém de forma mais sintética, em forma de itens e não de capítulos. Constam, portanto: de uma introdução (onde se mostra explicitamente problema, objetivos, justificativa, paradigma, referencial teórico, metodologia); um segundo item, com aprofundamento teórico e metodológico; outros itens, com análise de dados; e um último item, com conclusões e recomendações. Elementos pré-textuais incluem resumo e *abstract*, ambos contendo palavras-chave. É importante observar que alguns periódicos de editoras como *Emerald Publishers* solicitam que os *abstracts* dos artigos submetidos, ao invés de uma descrição extendida, apresentem alguns itens sub-divididos, tais como: objetivos, abordagem teórico-metodológica, resultados, implicações práticas e originalidade. Já os elementos pós-textuais incluem a listagem de referências utilizadas no corpo do texto, em ordem alfabética de sobrenomes. É importante seguir as regras das instituições e das revistas para as quais as monografias, dissertações, teses e artigos científicos são submetidos.

Roteiros de Projetos, Relatórios de Pesquisa e de Pareceres

A seguir, apresentamos sugestões de itens a constarem de roteiros para a análise de projetos e relatórios de pesquisa (monografias, dissertações, teses e artigos), que podem ser usados como pontos de partida para a elaboração de pareceres sobre os mesmos.

Os seguintes componentes são apresentados:

Problema:

Contextualização, introdução que insira o leitor, aos poucos, na temática, problematização da temática, argumentação, delimitação, objetivos de trabalho, questões do estudo.

Para a elaboração de um parecer ou de análise crítica de projetos e relatórios, deve-se responder à seguinte questão: *estes aspectos estão presentes?* Também, é importante comentar, mostrar evidências (na tese, artigo e/ou projeto)que mostrem se estes aspectos estão ou não presentes e, se possível, comparar tais idéias com os critérios de rigor discutidos nos capítulos anteriores do presente livro, de modo a fundamentar o parecer.

Justificativa, Relevância:

Importância do estudo para o contexto brasileiro (e, se possível, internacional); preenchimento de lacunas na área (o estudo deve mostrar inserção em bancos de dados, sites de revistas, de congressos recentes, de agências de fomento e outros, demonstrando conhecimento de trabalhos e autores que já falaram sobre o assunto pesquisado nos últimos anos, resumindo o que falam, citando-os e mostrando o que deixam de falar, para enfatizar a originalidade do estudo); e motivação pessoal/profissional/social. Para a elaboração de um parecer ou de análise crítica de projetos e relatórios, deve-se responder à seguinte questão: *estes aspectos estão presentes?* Também, é importante comentar, mostrar evidências (na tese, artigo e/ou projeto) que mostrem se estes aspectos estão ou não presentes e, se possível, comparar tais idéias com os critérios de rigor discutidos nos capítulos anteriores do presente livro, de modo a fundamentar o parecer.

Paradigma/Referencial Teórico:

Argumento central e idéias construtoras deste argumento (eixos); Paradigma de Pesquisa e sua Justificativa; Indicação de idéias e categorias centrais/autores usados para corroborar as categorias, idéias e argumentos/fio condutor do estudo, diálogo com os autores. Para a elaboração de um parecer ou de análise crítica de projetos e relatórios, deve-se responder à seguinte questão: *estes aspectos estão presentes?* Também, é importante comentar, mostrar evidências (na tese, artigo e/ou projeto)que mostrem se estes aspectos estão ou não presentes e, se possível, comparar tais idéias com os critérios de rigor discutidos nos capítulos anteriores do presente livro, de modo a fundamentar o parecer.

Metodologia:

Explicitação, Justificativa e Fundamentação, Articulação com o paradigma de pesquisa, campo empírico, universo e amostra (com justificativa), estratégias de coleta de dados, formas pelas quais o trabalho busca a triangulação (no caso de pesquisas qualitativas) e representatividade estatística da amostra e controle de variáveis (no caso de pesquisas quantitativas), o rigor e a validade da pesquisa. Para a elaboração de um parecer ou de análise crítica de projetos e relatórios, deve-se responder à seguinte questão: *estes aspectos estão presentes*? Também, é importante comentar, mostrar evidências (na tese, artigo e/ou projeto)que mostrem se estes aspectos estão ou não presentes e, se possível, comparar tais idéias com os critérios de rigor discutidos nos capítulos anteriores do presente livro, de modo a fundamentar o parecer.

Análise de Dados (apenas para relatórios completos. Não existe em projetos):

Reflexões pessoais do autor a respeito dos dados, idéias surgidas, evidências do campo para darem suporte às idéias (neste ponto, o autor deve trazer as vozes do campo, compilando respostas de entrevistas, questionários, trechos de documenetos etc, de modo a permitir que o leitor tenha acesso a estes dados e não apenas à voz do pesquisador); relação com a teoria (mostrar diálogo entre estes dados e o referencial teórico, de forma explícita, confirmando ou não os argumentos desenvolvidos na parte teórica do estudo), novas hipóteses/categorias nativas do campo/tensões/propostas. Para a elaboração de um parecer ou de análise crítica de projetos e relatórios, deve-se responder à seguinte questão: *estes aspectos estão presentes?* Também, é importante comentar, mostrar evidências (na tese, artigo e/ ou projeto)que mostrem se estes aspectos estão ou não presentes e, se possível, comparar tais idéias com os critérios de rigor discutidos nos capítulos anteriores do presente livro, de modo a fundamentar o parecer.

Conclusões e Recomendações para futuros trabalhos (apenas para relatórios completos. Não existe em projetos):

Síntese do trabalho desenvolvido, respostas aos objetivos e questões propostas, limitações do trabalho e possibilidades de caminhos a serem desenvolvidos em futuros trabalhos, com recomendações. Para a elaboração de um parecer ou de análise crítica de projetos e relatórios, deve-se responder à seguinte questão: *estes aspectos estão presentes?* Também, é importante comentar, mostrar evidências (na tese, artigo e/ou projeto)que mostrem se estes aspectos estão ou não presentes e, se possível, comparar tais idéias com os critérios de rigor discutidos nos capítulos anteriores do presente livro, de modo a fundamentar o parecer.

No caso de um parecer, cabe, também, realizar, se possível, considerações finais sobre o estudo analisado: Tais considerações devem ser levadas em conta, também, antes da entrega dos projetos ou relatórios. Referem-se a alguns aspectos que sugerimos: *como a tese/o artigo/o projeto de tese/se apresenta, em sua globalidade? (linguagem acadêmica, argumentação,coerência, rigor, relevância, caminhos propostos para futuro desenvolvimento/aperfeiçoamento)*. Neste item, é importante salientar que todo trabalho acadêmico deve ser argumentativo e não opinativo. Isto significa que o autor deve apresentar suas idéias e estas devem ser acompanhadas logo a seguir de dados, seja da literatura, seja do campo, para corroborá-las. Não pode haver linguagem do senso comum, opiniões sem diálogo com teoria e dados ou idéias generalizadoras sem que evidências sejam apresentadas para as mesmas. Também, além do tom argumentativo, o trabalho acadêmico deve ser dialético. Nesse sentido, deve apresentar, no levantamento das lacunas (no item justificativa) e no referencial teórico, uma parte em que mostre autores que têm trabalhado sobre o tema, mesmo que estejam em paradigmas diferentes do autor. Essa discussão insere o estudo na produção mais ampla do conhecimento, ainda que o autor explicite o seu próprio paradigma e seu referencial teórico.

Em síntese, trata-se de ter em mente os seguintes itens:

Identificar o tema, o problema, questões e objetivos do estudo e justificativa (motivação pessoal, lacunas do conhecimento que irá cobrir, relevância para a educação brasileira); analisar se contemplam os critérios de qualidade discutidos no livro.

Identificar o referencial teórico e o(s) paradigma(s) e verificar se estão apresentados de forma coerente e dialogada;

Identificar a metodologia e as formas de coleta de dados (tipo de estudo, campo empírico, sujeitos, técnicas de coleta de dados) e analisar se contemplam os critérios discutidos no livro;

Sempre complementar as informações sobre a metodologia e sobre a coleta de dados apresentadas, com textos e autores que expliquem mais sobre estes aspectos (o que é esta metodologia, quais seus objetivos, potenciais e cuidados que suscitam; quais as técnicas de coleta de dados, o que significam, potenciais e cuidados que suscitam);

No caso de relatórios: identificar como é feita a análise de dados, verificando se há: a) reflexão pessoal do autor; b) ilustrações do campo para confirmar a reflexão; c) comparação dos dados com a teoria; d) coerência e rigor, de acordo com o paradigma e a metodologia escolhidos;

No caso de relatórios: analisar as conclusões, vendo se sintetizam as idéias, se respondem às questões e aos objetivos e se apresentam recomendações para futuros estudos;

Fazer uma apreciação geral sobre o trabalho analisado, verificando se há consistência, coerência, tom argumentativo e dialético (em contraposição a tom do senso comum e opinativo), correção, linguagem acadêmica.

É importante, em pareceres, apresentar os trechos que ilustrem o que se apresenta em todos os itens.

Agora que foram discutidos roteiros para a elaboração de pareceres sobre pesquisas, segue-se uma sugestão de roteiro para a elaboração de projetos de pesquisa.

No caso de projetos ou do primeiro capítulo do relatório ou mesmo da introdução de um artigo, em síntese, sugerimos que devem ser considerados os seguintes itens:

1. Introdução, tema, problema, questões e objetivos do estudo

2. Justificativa (motivação pessoal, lacunas do conhecimento que irá cobrir, relevância para a educação brasileira)

3. Levantamento de obras e autores que já falaram sobre o tema, recentemente, em bancos de dados e *sites* relevantes na área (congressos, revistas científicas, dissertações e teses), resumindo o que dizem, seus paradigmas e referenciais utilizados (mesmo que sejam diferentes daqueles do autor do projeto) e mostrando lacunas e áreas que não foram abordadas

4. Paradigma e referencial teórico do estudo

5. Metodologia (tipo de estudo, campo empírico, sujeitos, técnicas de coleta de dados, formas de triangulação, no caso de pesquisas qualitativas e formas de rigor ligadas ao paradigma e à metodologia escolhida, conforme discutido nos outros capítulos do livro)

6. Considerações sobre a importância do estudo

7. Estrutura do relatório, com o que constará dos outros capítulos ou itens (no caso de artigos).

Revisando a evolução da pesquisa científica:

Neste item, apresentamos sugestões de exercícios de fixação dos conteúdos dos capítulos anteriores do presente livro.

Atividade 1:

Pense no exemplo de uma pesquisa que buscasse averiguar o impacto do ruído sobre o desempenho de sujeitos em uma organização, expondo um grupo a forte barulho e garantindo a outro um ambiente silencioso. Imagine que o grupo que ficou em ambiente silencioso teve melhor desempenho do que o outro.

a. Que variáveis intervenientes (ou seja, "outros" fatores, para além do fator "ruído") poderiam explicar o desempenho diferente de dos sujeitos de ambos os grupos?

b. Até que ponto seria possível controlar todas as variáveis intervenientes, de modo a "provar" que o fator ruído foi o responsável pelo desempenho desigual?

c. Uma pesquisa que desejasse, por exemplo, compreender os sentimentos daqueles sujeitos em face ao ruído, seria aceita como pesquisa, no modelo científico positivista descrito no capítulo sobre a evolução da pesquisa? Por quê?

d. Da mesma forma, uma pesquisa que buscasse acompanhar o dia a dia dos sujeitos de um destes grupos, descrevendo as condições a que eram submetidos, bem como suas histórias de vida, suas expectativas, percepções e sentimentos, seria considerada uma pesquisa, no modelo científico descrito? Por quê?

Atividade 2:

Analise os seguintes problemas de pesquisa e tente identificar o paradigma que move o pesquisador, em cada um deles.

a. Problema: que sentimentos, percepções e representações possuem sujeitos que circulam em organizações e que apresentam fraco desempenho? Como podemos trabalhar para a melhoria do desempenho das mesmas?

b. Problema: que aspectos da organização estão reproduzindo desigualdades sociais e preconceitos com relação a sujeitos que circulam na mesma e quais aqueles que podem contribuir para superar tais desigualdades, ajudando a melhoria do desempenho dos mesmos?

c. Problema: que relações existem entre nível socioeconômico famil iar, escolaridade dos pais, nível de formação dos sujeitos, lugar em que se situa a organização, lugar de residência e o desempenho dos sujeitos em organizações situadas em uma área urbana determinada?

Atividade 3:

a. Cite os dois principais fatores que levaram à crítica ao modelo único de Ciência, nos moldes positivistas.

b. Indique como os outros paradigmas buscaram superar esses fatores criticados.

Atividade 4:

Pense em um tema que faça parte de sua área de estudos. Que tipo de questão/problema de pesquisa você proporia para pensar sobre esse tema, nos enfoques:

a. Positivista/ pós- Positivista?
b. Construtivista Social/Pós-Modernismo?
c. da Teoria Crítica?
d. Multicultural?

Atividade 5:

Ao colocar todas as pesquisas que se opunham ao modelo positivista com uma só denominação - pesquisa qualitativa- correu-se o risco de ignorar as particularidades de cada enfoque (tais como Construtivismo Social e Teoria Crítica).

Considerando o que estudou até agora, responda:

Esta afirmação é verdadeira? Justifique.

Atividade 6:

Pense em um problema de pesquisa e sugira como a metodologia quantitativa e a metodologia qualitativa poderiam ser usadas, de forma complementar.

Atividade 7:

Pense em um tema de pesquisa que gostaria de desenvolver. Escolha um paradigma de pesquisa (que não seja o Positivismo) e escreva como esse tema poderia ser pesquisado, em uma metodologia quantitativa e em uma metodologia qualitativa, nesse mesmo paradigma. Discuta por que o fato de ser pesquisa quantitativa ou qualitativa, por si só, não traduz o tipo de abordagem dada ao tema pesquisado.

Atividade 8:

Agora procure pensar sobre seu problema de pesquisa, sobre o qual deve estar trabalhando para sua monografia/dissertação/tese. Considerando o que leu neste livro, o que você pensa sobre paradigmas e metodologias para sua própria pesquisa? Elabore e incorpore essas considerações na sua monografia/dissertação/tese em construção.

Atividade 9:

Questão: Analise o seguinte resumo de pesquisa realizada: " A pesquisa foi um estudo de caso visando estudar em que medida uma organização proporcionava um trabalho valorizador da diversidade cultural ali presente. Justifico a realização da mesma a partir de minha motivação pessoal e profissional, pois lido, há muitos anos, com sujeitos diversos e sofro quando verifico queda de rendimento tanto deles como da própria organização em função dos problemas de preconceito e bullying. Utilizei a observação do cotidiano organizacional, entrevistas com gerentes e técnicos e análise de documentos, no interior da organização. O estudo chegou à conclusão que a perspectiva multicultural necessitava de maior visibilidade, nas práticas analisadas".

Agora, responda às seguintes questões:

a. Explique em que consiste o rigor nas justificativas de pesquisas em educação, citando autores e fundamentando sua resposta, a partir dos capítulos deste livro.

b. Identifique no resumo acima se houve rigor em termos da justificativa apresentada para a pesquisa realizada, copiando a (s) evidência(s) que baliza(m) sua resposta.

c. Identifique o paradigma e a metodologia da pesquisa resumida no exercício.

d. Faça um fechamento da resposta.

Com base nos roteiros apresentados neste capítulo e a partir das discussões empreendidas no decorrer do livro, esperamos que haja uma fundamentação teórico-metodológica que poderá auxiliar aos leitores a elaboração de projetos, relatórios e pareceres com qualidade e rigor científico.

Considerações Finais

O presente apêndice buscou sistematizar as idéias trazidas no decorrer do livro, em termos práticos. Neste sentido, apresentou sugestões de roteiros para pareceres e elaboração de projetos e relatórios de pesquisa, bem como exercícios na perspectiva multicultural e de rompimento de barreiras curriculares. Em conjugação com os capítulos anteriores, espera-se que possa suprir os leitores com instrumentos e idéias que possam avançar na pesquisa que respeite a diversidade, desafie preconceitos e quebre fronteiras.

Impressão e acabamento
Gráfica da Editora Ciência Moderna Ltda.
Tel: (21) 2201-6662